Albrecht Erlenmeyer

Die luëtischen Psychosen in diagnosticher, prognostischer und therapeutischer Beziehung

Albrecht Erlenmeyer

Die luëtischen Psychosen in diagnosticher, prognostischer und therapeutischer Beziehung

ISBN/EAN: 9783743327788

Hergestellt in Europa, USA, Kanada, Australien, Japan

Cover: Foto ©Thomas Meinert / pixelio.de

Manufactured and distributed by brebook publishing software (www.brebook.com)

Albrecht Erlenmeyer

Die luëtischen Psychosen in diagnosticher, prognostischer und therapeutischer Beziehung

luëtischen Psychosen

in

diagnostischer, prognostischer

und

therapeutischer Beziehung.

Von

San.-Rath Dr. **Albrecht Erlenmeyer,**

dirig. Arzte der Privat-Anstalt für Gemüthskranke zu Bendorf bei **Coblenz,** Ehrenmitglied der Akademie der Medicin und vieler anderen gelehrten Gesellschaften des In- und Auslandes, Ritter etc. etc.

Zweite vermehrte und verbesserte Auflage.

Neuwied 1877.

Verlag der J. H. Heuser'schen Buchhandlung.

Vorrede zur II. Auflage.

Die wohlwollende Aufnahme, welche das Schriftchen über die *luetischen Psychosen* in erster Auflage überall gefunden hat, machte in der kurzen Zeit von 9 Monaten eine zweite Auflage nothwendig. Bei der Bearbeitung derselben habe ich den Wünschen der Kritik Rechnung getragen und habe die *Therapie* diesmal auch besprochen und zwar wie ich glaube, in ziemlich ausführlicher Weise, indem sowohl die ältern Methoden der Behandlung gehörig gewürdigt als auch die in allerjüngster Zeit zur Anwendung gekommenen Behandlungsweisen dargelegt sind.

Auch in dieser II. Auflage sind Krankheitsgeschichten in hinreichender Anzahl eingelegt, soweit sie zum Verständniss erforderlich sind.

So schliesse ich denn mit dem Wunsche, dass diese II. Auflage bei den Herren Collegen eine ebenso freundliche Aufnahme finden möge wie die erste.

Bendorf bei Coblenz im Juni 1877.

Der Verfasser.

Vorrede zur I. Auflage.

In dem vorliegenden Schriftchen über die *luëtischen Psychosen* habe ich durchaus nicht beabsichtigt, eine vollständige Monographie über diesen Gegenstand zu veröffentlichen. Ich habe vielmehr an der Hand der zahlreichen vortrefflichen Arbeiten über die pathologisch-anatomischen Verhältnisse der Gehirn- und Nervensyphilis, welche das letzte Jahrzehnt gebracht hat, nur die Diagnose und Prognose derselben Etwas klarer stellen und erleichtern wollen. Es haben sich im Laufe der Zeit eine Menge Behauptungen, welche die Diagnose sehr erschweren, als irrthümlich herausgestellt und die Prognose ist so sehr eingeengt worden durch mancherlei irrige Ansichten, dass der Muth der Aerzte in der Therapie über eine gewisse Grenze hinaus lahm gelegt wurde. Es darf aber bei der Unheilbarkeit der sog. organischen Gehirnkrankheiten überhaupt nicht unser Bestreben sein, die Grenze der luëtischen Erkrankungen des Nervensystems — der einzigen, welche in diesem Gebiete Aussicht auf Heilung oder wenigstens auf Besserung geben — einzuengen, sondern wir müssen immer mehr bemüht sein, Anhaltspuncte zu finden, welche das Gebiet der heilbaren Gehirnerkrankungen so viel als möglich erweitern.

Die **T h e r a p i e** habe ich absichtlich nicht behandelt, weil mich dieses viel zu weit geführt haben würde. Es schien mir zunächst erforderlich, die **D i a g n o s e** und **P r o g n o s e** einer neuen Bearbeitung zu unterziehen.

Die eingelegten Krankheitsgeschichten habe ich alle aus meiner eigenen Beobachtung entnommen, mich aber darauf beschränkt, für jede einzelne Abtheilung nur so viele mitzutheilen, als zum Verständniss grade erforderlich waren.

Zum Schlusse habe ich noch einige Skizzen beigefügt, welche Krankheitsfälle aus dem III. Stadium behandeln, die aber trotz ihrer Kürze ausreichen dürften, um meine Ansichten über die Prognose zu bestätigen.

Bendorf bei Coblenz im September 1876.

Der Verfasser.

Inhalt.

Während der letzten Jahre sind über die Gehirnsyphilis sowie über die auf syphilitischer Basis beruhenden Seelenstörungen, die „syphilitischen oder luëtischen Psychosen" im Allgemeinen, sowie über einzelne Formen derselben und namentlich auch über deren somatische Begründung sehr sorgfältige und genaue Untersuchungen angestellt worden, wodurch die Literatur über diesen Gegenstand ganz bedeutend erweitert worden ist. Trotzdem bleibt aber in diesem dunkeln Gebiete noch immer viel zu thun übrig und die Erkenntniss sowie eine richtige Beurtheilung des einzelnen Falles in der Praxis bietet noch viele Schwierigkeiten dar.

Es ist nicht nur für den gewöhnlichen praktischen Arzt, der weder die syphilitischen Krankheiten noch auch die Krankheiten des Nervensystems zu seiner Specialität gemacht hat, eine schwierige Aufgabe, die syphilitische Natur eines Nervenleidens und speziell einer Psychose festzustellen, sondern es wird das sogar manchem

1

Professor der Klinik, dem doch eine reichere Gelegenheit zur Beobachtung derartiger Fälle zu Gebote steht, schwierig, wie ich mich zu wiederholten Malen zu überzeugen Gelegenheit hatte.

Es dürfte desshalb als vollständig gerechtfertigt erscheinen, trotz der zahlreichen Literatur, einen abermaligen Versuch zu machen, um die ganze Lehre von den syphilitischen „*Neurosen und Psychosen*" mit Rücksicht auf die Ergebnisse der jüngsten Forschungen, von Neuem zu bearbeiten und namentlich die Diagnose dieser Erkrankungen mit möglichster Sicherheit festzustellen.

Indem ich eine literarische Uebersicht vorausschicke, bemerke ich zugleich, dass es mir nicht in den Sinn kommen kann, eine ganz vollständige Aufzählung der zahlreichen Literatur zu machen, welche bis jetzt über diesen Gegenstand erschienen ist. Es würde das eine zu umfassende und den Leser ermüdende Arbeit werden, selbst wenn man nur die Titel der verschiedenen Abhandlungen mittheilen wollte, ohne auch nur in Kürze deren Inhalt zu berühren.

Ich muss mich vielmehr darauf beschränken, nur die allerwesentlichsten und wichtigsten, wie man sich auszudrücken pflegt, die „bahnbrechenden" und „lichtbringenden" Arbeiten hier zu erwähnen, welche wirklich die Lehre von den syphilitischen Neurosen und Psychosen gefördert haben.

Die erste Arbeit, welche uns Aufschluss gibt über den Zusammenhang eines Nervenleidens (einer Neuralgie) mit Syphilis rührt
1) von Dr. Nikolaus Massa her (de morbo gallico Cap. VII 1532), die erste Arbeit, welche auch die *Psychosen* in Zusam-
2) menhang mit der Syphilis bringt, stammt von: Dr. Sanchez, der mehr als zwei Jahrhunderte später im Jahre 1777 eine auf Syphilis beruhende Manie schildert.

3) Dr. Astruc (de morbis venereis lib. IV Cap. IX 1740) gab eine ganze pathologische Anatomie der intra-craniellen Syphilis,

die er auf Tumoren und Exostosen der Schädelknochen, ferner auf Nodi in den Meningen und endlich auf Gummata in der Gehirnsubstanz zurückführte.

Nachdem durch diese Schriften der Zusammenhang der Neurosen und Psychosen mit der Syphilis dargelegt war, erschienen eine Menge von Arbeiten, welche diese Erfahrungen theils durch neue Beobachtungen theils durch neue Forschungen noch immer erweiterten.

4) C a r r è r e, Recherches sur les maladies veneriennes chroniques masquées dégénérées ou compliquées. Paris 1783.

5) So hat Dr. B e n j a m i n B e l l (On Gonrohöa virulenta and the venereal diseases Edinburg 1793 T. II) nicht nur den Zusammenhang der Manie mit Syphilis bestätigt, sondern er hat auch die ersten Versuche gemacht, derartige Fälle von Manie mit Mercur zu heilen.

6) Dr. v a n S w i e t e n hat gezeigt, dass Apoplexie und Epilepsie, sowie Amaurose und Kophose durch Syphilis bedingt sein können.

7) 1830—39. Dr. L a l l e m a n d (Recherches anatomo-pathologiques sur l'encephale T. III 1834) wies zuerst nach, dass ausser den Exostosen des Schädelknochens, den Nodis in den Meningen und den Gummaten in der Substanz, welche man bis dahin stets als die Hauptursache der Hirnsyphilis seit A s t r u c angesehen hatte, auch Verdickungen in den Gehirnhäuten sowie anderweitige Veränderungen in der Gehirnsubstanz selbst vorkommen können, welche Symptome der Gehirnsyphilis hervorbringen.

Von da ab häuften sich die Arbeiten über die syphilitischen Erkrankungen des Gehirns und einzelner Nerven in rascher Aufeinanderfolge.

8) **1840—49.** Wir nennen nur die folgenden: Dr. Budd (cases of apoplexy consequent of syphilis, London medical Gazette Mai 1842.

9) E b r a r d, Neuroses syphilitiques. Gazette med. de Paris Febr. 1843.

10) Dr. R a y e r (la syphilis cérébrale ou méningiènne annales de thérapeutique, Tome V 1847).

11) Dr. K n o r r e (deutsche Klinik von Göschen Decbr. 1849), welcher mehrere Fälle von syphilitischer Lähmung einzelner Nerven veröffentlichte.

12) **1850—59.** Dr. S c h ü t z e n b e r g e r (Syphilis simulant les troubles encéphaliques, gazette medicale de Strassbourg 1850).

13) B e d e l, de la syphilis cérébrale. Dissert. Strassbourg 1851.

14) Dr. R o m b e r g (klinische Wahrnehmungen 1851), veröffentlichte mehrere Fälle von Lähmung des nerv. oculomotorius und stellte fest, dass denselben eine syphilitische Verdickung der Gehirnhäute zu Grunde lag, wie dies schon L a l l e m a u d angegeben hatte.

15) G i l d e m e e s t e r and H o y a c k. Nederl. Weckblad voor Geneeskunde. Jan. 1854.

16) Dr. E s m a r c h und J e s s e n (allgem. Zeitschrift für Psychiatrie 1857 XIV. Band) publicirten drei ausführliche Krankheitsgeschichten, wo die Geisteskrankheit auf Syphilis beruhte.

17) Das Jahr 1858 brachte die vortreffliche Arbeit von V i r c h o w (über die Natur der constitutionellen syphilitischen Affectionen, Archiv für pathologische Anatomie Bd. XV. p. 217), welche in die grosse Verwirrung Klarheit und Ordnung brachte und namentlich allen spätern Schriftstellern den Weg auf diesem dunkeln Gebiete gezeigt hat.

18) Dr. Hildenbrand (De la Syphilis dans ses rapports avec l'aliénation mentale. Dissertation Strassbourg 1859) legte den Zusammenhang der psychischen Störungen mit Syphilis noch deutlicher dar, als dies bis dahin geschehen ist.

19) Yvaren, des metamorphoses de la syphilis. Paris 1859.

20) 1860—69. Dr. Valdemar Steenberg (den syphilitiske Hjernelidelse Kjöbenhavn 1860 afhandling for den mediciniske Doctorgrad — 269 p.) sammelte namentlich eine zahlreiche Casuistik (48 Fälle) und hat die verschiedensten Nervenerkrankungen, bedingt durch Syphilis, zusammengestellt.

21) Dr. Griesinger (diagnost. Bemerkungen über Hirnkrankheiten, Archiv der Heilkunde I 1860) stellte fest, dass nicht nur Verdickungen und Entzündungen der dura mater, die bereits erwähnten Erscheinungen hervorbringen können, sondern dass auch chronische Arachnitis syphilitischer Art als Ursache der Nervenerkrankungen angesehen werden müsse.

Während der nächsten drei Jahre erschienen in Frankreich mehrere Monographien:

22) Lagneau fils (maladies syphilitiques du système nerveux. Paris 1860.

23) Leon Gros et Lanceraux (Des affections nerveuses syphilitiques Paris 1861) und

24) Zambaco (des affections nerveuses syphilitiques Paris 1862), welche grosses Aufsehen erregten durch die Masse des pathologisch-anatomischen Materials, welches darin zusammengestellt ist.

25) In Deutschland schrieb damals Ludwig Meyer, Director der Irren-Anstalt in Hamburg über constitutionelle Syphilis des Gehirns (allgemeine Zeitschrift für Psychiatrie. XVIII. Band,

p. 297). Er veröffentlicht vier neue Beobachtungen, von denen er die
letzte dem Dr. H e l l b e r g verdankt, dann fügt er zwei Beob-
tungen von Dr. C a l m e i l, aus dessen Maladies du cerveau
und eine aus den Transactions of the pathological society of
London 1859 hinzu.

In demselben Jahre erschien eine Dissertation in Paris von
26) L a d r a t d e l a C h a r r i è r e (des paralysies syphilitiques
1861), ferner eine solche von
27) E n g e l s t e d t, welche von U t e r h a r t (Die constitutionelle
Syphilis, Würzburg 1861) übersetzt worden ist.

28) P a s s a v a n t. Syphilitische Lähmungen und deren Heilung
Virch. Arch. Bd. XXV. p. 151. 1862.

Das Jahr 1863 brachte wieder eine Reihe von Abhandlungen
sowohl in England wie in Deutschland:
29) W i l k s (On the syphilitic affections of internal Organs. Guy's
Hospital reports 3, Serie IX, p. 1, 1863).

30) W a g n e r, Das Syphilom des Nervensystems (Archiv der Heilkunde IV, p. 161, 1863).

31) W e s t p h a l, 2 Fälle von Syphilis des Gehirns, (Allgemeine
Zeitschrift für Psychiatrie XX 1863).

32) Im Jahre 1864 erschien die ausgezeichnete Arbeit von Prof.
J a k s c h (Ueber Syphilis innerer Organe, Prager med. Wochen-
schrift 1864) welche namentlich auch über die syphilitische
Erkrankung des Nervensystems reichlicheres Material lieferte.

Unter 43 Fällen syphilitischer Epilepsie traten nur in einem
Falle die Krämpfe vor dem 30. Jahre ein.

33) L a n c e r a u x, Traité historique et pratique de la syphilis.
Paris 1866 p. 440—504.

34) Im Jahre 1868 erschien eine Dissertation von Dr. H. Müller über die Syphilis des Gefässsystems namentlich der Arterien. Berlin 1868.

35) Im Jahre 1869 verbreitete Virchow in seinem Werke über die Geschwülste bedeutendes Licht in der Lehre der Gehirnsyphilis. (Geschwülste Bd. II. 1869.)

36) **1870—76.** Im Jahre 1870 begann Heubner, seine vortrefflichen Untersuchungen über die syphilitische Erkrankung der Hirnarterien (Archiv der Heilkunde XI) bekannt zu machen.

Es folgten dieser ersten Abhandlung noch mehrere von demselben Verfasser, von denen wir die wichtigsten an den betreffenden Stellen anführen werden. In die Zwischenzeit fallen noch einige kleinere Arbeiten, welche aber der Vollständigkeit halber doch nicht übergangen werden dürfen. Es sind:

37) Dr. Keyes, Syphilis of the nervous System, a clinical study chiefly in regard to diagnosis and treatment. New-York 1870. D. Appletow and Co. 8. 44 p.

Diese Schrift erschien ursprünglich in New-York Med. Journal. Sie bespricht 34 Fälle von Nervensyphilis, die Keyes und Dr. Buren in der Privatpraxis behandelt haben, und zwar 14 Hemiplegien, 9 Paraplegien, 4 Epilepsien, 2 Facialisparalysen, 1 Schulterparalyse (biceps und deltoideus) 4 Geistesstörungen. (Ladrat de la Charrière hat 120 Fälle von Syph. Paralyse gesammelt unter denen aber nur 33 Fälle von Hemiplegie sind.) Genesung bei 11. Stillstand 5. Noch in Behandlung 5. Todesfälle 7. Unbekannter Ausgang 6. — Von seinen sonstigen Resultaten heben wir folgende hervor: Facialis paralyse tritt gewöhnlich einige Monate nach der ersten Infection auf, Hemiplegie erst nach 2—3 Jahren (bei seinen eigenen Fällen 5 Jahre). Paraplegie nach 3—5 Jahren, Epilepsie nach 1 Jahre. — Characteristisch für syphil. Ursprung der *Hemiplegie* das frühe Alter (Apoplexie meist bei Kr. über 40 J.) — der fixe Kopfschmerz vorher — Verlust des Bewusstseins ist nur unvollständig — Mydriasis mit oder ohne Ptosis und Strabismus — geringe Störung der Sensibilität. Für die syph. *Paraplegie* gibt er folgende characteristische Symptome, gewöhnlich ist der Verlauf schmerzlos, die Lähmung ist nicht ganz vollständig, die Harnblase ist gewöhnlich in Mitleidenschaft gezogen. — Die syphil. *Epilepsie* ist selten vor dem 30. Lebensjahre, die idiopathische fast immer früher (Beau fand bei 209 Fällen von idiopath. Epilepsie 177 Mal vor dem 30. Jahre) — Kopfschmerz vor dem Anfall — Aura fehlt oft. — Er gibt das Jodkalium zu 30 gramm pro diё, 4 Mal 7,50. Er fürchtet keinen Jodismus, wenn man es mit viel Wasser und nicht in den leeren Magen gibt — Quecksilber empfiehlt er, wenn das Jodkalium keine Fortschritte mehr hervorruft, in solchen Fällen vereinigt er auch beide Mittel.

38) Dr. Erlenmeyer. Einige Notizen zur Diagnose der intracraniellen Syphilis 1869 und 1870. (Correspondenzblatt und Archiv für Psychiatrie und gerichtliche Psychologie p. 294.)

39) Buzzard, Fall von rechtsseitiger Hemiplegie mit Aphasie, wahrscheinlich syphilitischen Ursprungs. Lancet II. 23. Dec. 1870. p. 782.

40) Githens, W. H. H. Fall von Syphilis des Nervensystems. Philadelphia med. and surg. Report XXIV. 5. p. 95.Febr. 1871.

41) Moxon, Ueber syphilitische Erkrankung des Rückenmarks. Guys Hosp. Rep. 3. Serie XVI. p. 217. 1871.

42) Buzzard, Ueber den therapeutischen Werth des Jod bei Behandlung der syphilitischen Nervenaffectionen. Lancet I. 10. March. 1871, p. 339.

43) Hutchinson, James H. Ueber syphilitische Erkrankungen des Nervensystems. Americ. Journal N. CXXIII. p. 86. July 1871.

44) Moxon, Walter, Ausgedehnte Erweichung des Gehirns in Folge von Syphilis. Med. Times and Gaz. Juni 24. 1871.

45) Althaus, Julius. Ueber syphilitische Affectionen der Nerven. Med. Times and Gaz. Nov. 1871. 18, 25. p. 606. 645.

46) Power, Richard Eaton. Syphilitische Erkrankungen des Nervensystems mit Aphasie. Med. Times and Gaz. Dec. 1871. 23.

47) S i l v e r, Fall von syphilitischer Hemiplegie. Med. Times and Gaz. Oct. 1871. 21. p. 497.

48) W a t s o n. Spencer, Ptosis, Mydriasis und Hyperaemie mit Anaesthesie der linken Gesichtshälfte bei einem Syphilitischen. Lancet II. 20. Nov. 1871. p. 676.

49) W i l k s. On the syphilitic Epilepsia. Guys Hosp. rep. XVII. p. 145. 1871.

Für den syph. Character der Epilepsie spricht rasche Aufeinanderfolge der Anfälle, Koma in den Intervallen — unvollkommene Aufhebung des Bewusstseins, halbseitige Lähmung nach denselben.

50) R e e s, G. Owen, über Hirnkrankheit syphilitischen Ursprungs. Guys Hosp. Rep. 3. 8. XVI. p. 251. 1871.

51) Dr. M i l d n e r, Eman, über Syphilis der Schädelorgane verbunden mit Geistesstörung. (Wiener medic. Wochenschrift 1872 N. 19—22),

52) Dr. W i l l e, Director der Irren-Anstalt Rheinau. Die syphilitischen Psychosen. (Allgemeine Zeitschrift für Psychiatrie. XXVIII. Band 1872. p. 503.)

53) Dr. S c h ü l e, Hülfsarzt in Illenau: Hirnsyphilis und Dementia paralytica, ein casuistischer Beitrag mit epicritischen Bemerkungen. (Allgemeine Zeitschrift für Psychiatrie XXVIII. Band, 1872 p. 605.) ·

54) Dr. G. Owen R e e s. Bemerkungen über Hirnkrankheit durch Syphilis verursacht, (Guy's Hosp. Rep. XVII. p. 249, 1871 und Schmidts Jahrb. 1872, Nr. 9, p. 289).

Verf. gibt als characteristisch für syphil. Hirnerkrankung an: Die paraiytischen Anfälle sind unmittelbare Folgen bedeut. körperl. Anstrengungen — Syphil. Hemi- und Paraplegien zeichnen sich durch Unregelmässigkeit der Symptome aus. Schmerzen des Kopfes und der Kopfhaut fehlen selten, Anaesthesie ist häufig, auch wenn die anderen Symptome geschwunden sind. — Aphonie ist selbst in frühern Stadien häufig. Er behauptet, Jodkalium könne nur bessern, zur Heilung sei Quecksilber erforderlich, einerlei in welcher Form.

55) Dr. Alrik Ljunggren. Ueber Syphilis des Gehirns und Nervensystems. (Archiv für Dermatologie und Syphilis III, p. 333 u. 509, IV. 2. p. 254, 1872.)

Verf. theilt 12 Fälle von syph. Nervenaffectionen mit: 1. Facialis paralyse. Hydrarg. Jodkalium und Electricität vollständige Besserung. — 2. Parese mit Abnahme des Gedächtnisses und der Intelligenz. Schmiercur. Besserung. Recidiv. Tod. Arachnitis. — 3. Kopfschmerz — Depression — Schmiercur — Besserung. — Dann Geisteskrankheit mit Hemiplegie. Blödsinn. Schmiercur und Jodkalium besserten die Lähmung, liessen aber das Seelenleben unverändert. — Recidiv. Tod. — 4. Hemiplegie, Kopfschmerz, Schwindel. — Gedächtniss verloren, Intelligenz erhalten. Sigmundsche Schmiercur, Genesung. — 5. Tobender Wahnsinn mit allgem. Paralyse. Einreibung. Besserung. Recidiv der Psychose. — 6. Blödsinn mit allgem. Paralyse. Tod. — 7. Kopfschmerz, Schwindel, Epilepsie bei einer Frau. Jodkalium Schmiercur. Besserung. Recidiv. — energische Schmiercur mit Jodkalium. Vollständige Besserung. — 8. Hirnkrankheit bei einer Frau, Caries frontis syph. — Schmiercur, Jodeisen. Besserung. Recidiv. Kräftige Schmiercur mit Jodkalium. Vollständige Besserung. — 9. Epilepsie. Schmiercur. Besserung. Recidiv der Epilepsie. Schmiercur. — Epilepsie ohne Erfolg. — 10. Geistesstörung — Schlaganfall, Blödsinn, Schwund des Gedächtnisses und der Intelligenz. — Keine Lähmung. Kräftige Cur. Convulsionen. Tod. — 11. Kopfschmerzen bei einem Frauenzimmer — Osteomyelitis cranii syph. Hirnleiden. Tod. — 12. Hirnsymptome. Paraplegie und Blödsinn. Zufälliger Tod. Pachymeningitis externa, gummöse Heerde in Thalamus und Corp. striat. — Aus allen Fällen resümirt er: Kopfschmerz constant; Schwindel häufig, Lähmung häufig, besonders in der früheren Periode, Pupillendifferenz häufig, (5 von 12), spasmus der Gesichtsmuskeln (8 von 12), Convulsionen (4 von 12), Geistesstörung (5 von 12). — Anti-syph. Behandlung 9 Mal. Es erfolgte 8 Mal Besserung, — (7 Mal dauernd) und 1 Todesfall.

56) Bristowe, Erweichung des Gehirns, in Folge von Syphilis. Lancet I. 24. Juni 1872. p. 826.

57) Wright, Strethill H. Geisteskrankheit durch constitutionelle Syphilis bedingt. Edinb. med. Journ. XVII. p. 1095. Juni 1872.

58) Ogle, Intensiver Kopfschmerz, paralytische Erscheinungen, Milderung nach Entfernung eines hohlen Zahnes, wahrschein-

lich syphilitischer Ursprung der Affection. Med. Times and Gaz. Aug. 1872. 24. p. 195.

59) J o u s s o n, J. Fall von Grössenwahn mit hypochondrischen und Hochmuthsdelirien bei Syphilis. Ann. med. psych. 5. Serie. VIII. p. 152. Juillet 1872.

60) S i l v e r, Symptome von allgemeiner Paralyse bei syphilitischer Hirngeschwulst. Med. Times and Gaz. Oct. 1872. 26. p. 460.

61) D a C o s t a, J. M. Fälle von syphilitischer Lähmung. Philad. med. and surc. Report. XXVII. 24. 513. Dec. 1872.

62) H u t c h i n s o n, Caries der Schädelknochen mit Gehirnabscess, in Folge von Syphilis. Lancet II. 24. Dec. 1872. p. 849.

63) A l b u t t, Clifford. (St. Georgs Hosp. Rep. Vol. III, p. 55. 1872.)

Verf. fand zuerst in England bei einem Syphilitiker mit Kopfschmerz, Coma und Paraplegie die Erkrankung aller untersuchten Arterien. Er bezeichnet dieselben als Arteritis.

Ausserdem gibt er an, dass im vordern Lappen ein Erweichungsheerd und ein wallnussgrosses Syphilome vorhanden war. — Die Verdickung des Abduccus die im Leben Strabismus hervorrief, ex causa syph. —

64) Dr. O. B r a u s: die Hirnsyphilis monographisch bearbeitet für practische Aerzte. (Berlin, Hirschwald 1873.)

65) Dr. M ü l l e r in Leutkirch: Gehirnsyphilis. (Correspondenzbl. für Psychiatrie und gerichtliche Psychologie. 4 Artikel. April-Juli 1873.)

Diese Abhandlung beschäftigt sich hauptsächlich damit, die ebenerwähete Schrift von Dr. B r a u s zu critisiren und zu viderlegen.

66) Dr. v o n L i n s t o w zu Rat eburg Ueber Geisteskrankheit u. Lähmung, in Folge von Syphilis in ihrem Verhältniss zur

Dementia paralytica (Westphals Archiv für Psychiatrie und Nervenkrankheiten, IV. Bd. 2. Heft, p. 465). Er theilt einen höchst interessanten Fall von luëtischer Psychose mit, der die einzelnen Stadien gründlich durchgemacht und schliesslich unter dem Bilde der allgemeinen Paralyse zu Grunde gegangen ist.

67) Dr. L. G. Kraus: Ueber Gehirnsyphilis (Allgemeine Wiener med. Zeitschrift 1873, N. 10—11.)

68) Dr. P. Petrow: Ueber die Veränderungen des sympathischen Nervensystems bei constitutioneller Syphilis (Virch. Archiv 1873 I. p. 121).

69) E. H. Roof: Geistesstörungen, in Folge von Syphilis (Philadelphia medical and surgical Report. XXX. 9. p. 201. Febr. 1873).

70) Dr. A. Mayaud: Syphilis sécondaire et tertiaire du système nerveux. (Jn. 8. Paris 1873.)

71) Dr. Charcot und Dr. Gombauld: Fall disseminirter Affection der Nervencentren bei einer syphil. Frau. (Archiv de Physiologie V. 3. p. 304, Mai 1873.)

72) Dr. Heubner: die luëtische Erkrankung der Hirnarterien nebst allgemeinen Erörterungen zur normalen und pathol. Histologie der Arterien sowie zur Hirncirculation. (Eine Monographie mit 4 Tafeln, Leipzig 1874.)

73) Dr. Buzzard: The clinical aspects of syphilitic nervous affections. (London Churchill 1874.)

74) Dr. Jespersen, Skyldes der almindelinge frans kridende Paralyse Syphilis. (Kjöbnhavn, Jespersen 1874, S. 265. S.)

75) Dr. Moscovits zu Paris: Dissertation de la syphilis tertiaire cranienne et de ses complications meningo-encephaliques. Paris 1874.

76) B e r t r a n d: Des Lesions des meninges - cerebrales sous l'influence de la syphilis. Paris 1874.

77) Dr. J. P a t t i - T u k e: Remarks of a case of syphilitic Insanity. (Journal of mental science. October 1874.

78) Prof. W u n d e r l i c h: die luëtische Erkrankung des Gehirns- und Rückenmarkes, in der Sammlung klinischer Vorträge herausgegeben von V o l k m a n n. (Leipzig Breitkopf und Härtel. 1875.)

79) Prof. Dr. Z e i s s l: Lehrbuch der Syphilis und der mit dieser verwandten erblichen venerischen Krankheiten. Stuttgart Enke 1875. 3. Aufl. p. 293: Gehirn- und Nervenerkrankungen, welche in Folge der Syphilis entstehen p. 302: Erkrankungen des Rückenmarks in Folge von Syphilis.

80) Dr. B a u m g a r t e n: Zur Hirnarterien-Syphilis. (Wunderlichs Archiv 1875, 5 Bd. 17.) Bestätigt im Allgemeinen H e u b n e r s Resultate, doch ist er der Ansicht, dass der ganze Prozess in der Adventitia der Arterien beginne, von wo aus die Infection des Endothels erfolge, welche zur Ablagerung der Neubildung zwischen diesem und der Membrana fenestrata führt.

81) Dr. M. J. H u g h l i n g s J a c k s o n: Nervous Symptoms in cases of congenital Syphilis. Journal of mental science Jan. 1875.

Syphilitic Insanity Journal of mental science p. 1. Jan. 1875.
„   affection of nervous System   „   „ 207. Juli 1875.
„   Disease of arteries of brain   „   „ 266.

Sind auch als besondere Schrift erschienen unter dem Titel: „The syphilitic affections of the Nervous System" by Dr. M. J. H u g h l i n g s J a c k s o n. London 1875. Jan. 8. 20 p.

82) Dr. R. W. Taylor. A contribution to the study of Syphilis and of the nervous System, gelesen vor der New-York society of Neurology and Electrology 15 Nov. 1875.

83) Rabot in Paris. Dissertation: Contribution a l'étude des lesions syphilitiques des artères cerèbrales. Paris 1875.

84) Lanzoni Federico, Aphasie syphil. Ursprungs. II Raccoglitore med. XXXIX. 25. 26. p. 185. 1875.

85) Mickle, Dr. Julius: Ueber Syphilis und Geisteskranke. Brit. Rev. LVIII. p. 161. July 1875.

86) Wood, H. C.: Ueber Gehirnsyphilis. Philadelphia med. Times VI. 215. 217. Febr. March. 1875.

87) Dr. v. Ziemssen: 'Handbuch der speciellen Pathologie und Therapie XI. Band. Krankheiten des Nervensystems p. 251. Die Syphilis des Gehirns und des übrigen Nervensystems von Prof. Heubner. Leipzig bei Vogel 1876.

88) *Die syphilitische Geisteskrankheit* von Prof. Dr. Max Leidesdorf (Die Privat-Heil-Anstalt für Gemüths- und Nervenkranke zu Oberdöbling. Wien 1876 Carl Czermack. p. 62.)

89) *Die luëtischen Psychosen* in diagnostischer und prognostischer Beziehung von Sanitätsrath Dr. Erlenmeyer. I. Auflage. Neuwied 1876. Heuser. 8. 99 p.

Die luëtischen Psychosen d. h. die auf dem Boden der constitutionellen Syphilis stehenden „Störungen des Gemüthes und der
Intelligenz" lassen sich am Naturgemässesten in drei grosse Ab-
theilungen bringen, die sich allerdings mannichfach combiniren, die
in einander übergehen können, die aber gewissermassen drei verschiedene Stadien eines und desselben Prozesses repräsentiren. —
Es sind dies:

A. *Die einfachen luëtischen Psychosen* d. h. Psychosen ohne alle
Complicationen im Gebiete der Motilität und Sensibilität.

B. *Die mit Motilitäts- und Sensibilitäts - Störungen complicirten
Psychosen*, d. h. solche, wo neben den Störungen des Gemüthes und der Intelligenz noch verschiedene Störungen der
motorischen, sensiblen und sensualen Nerven vorhanden sind
(*Krämpfe* und *Lähmungen* einzelner Nerven und ganzer Ner-

vengebiete, selbst bis zu der Ausdehnung über eine ganze Körperhälfte — *Neuralgien und Anaesthesien* — Functionsstörungen einzelner Sinnesorgane).

C. *Die unter dem Bilde der allgemeinen Paralyse* (Paralysie générale progressive) verlaufenden Psychosen.

A. Die einfachen luëtischen Psychosen

treten mitunter ganz unerwartet, d. h. ohne sich durch irgend eine secundäre oder tertiäre Erkrankung auf somatischem Gebiete anzumelden und auch ohne specielle Anzeigen im Gebiete des Nervensystems hervor.

In welcher Zeit sie nach der ersten Infection erscheinen, ist sehr wechselnd und es ist eigentlich noch wenig darüber festgestellt, worden, wovon es abhängt, dass sie in dem einen Falle schon nach wenigen Monaten, in dem anderen Falle dagegen erst nach 30 selbst nach 40 Jahren erscheinen.

In Bezug hierauf habe ich ganz genaue Tabellen gemacht, aber es hat mir nicht gelingen wollen, vollständige Bestimmtheit zu erlangen.

In einzelnen Arbeiten ist es hervorgehoben, dass durch eine gründliche innere Behandlung der Ausbruch der Psychose länger hinausgeschoben werden könne und es scheint ja das zu stimmen mit den Erfahrungen über den Ausbruch anderer secundär syphilitischer Erkrankungen — während bei einer blos äussern Behandlung der ersten Infection die Psychose um so rascher zum Ausbruch komme.

Wenn auch im Allgemeinen d. h. für die Mehrzahl der Fälle dieser Satz eine gewisse Geltung verdient, so gibt es doch sehr viele Fälle, die ihm direct widersprechen.

Ich werde im Laufe dieser Arbeit Gelegenheit haben, es an einzelnen Krankheitsgeschichten zu beweisen, dass trotz einer sehr energischen und bald nach der ersten Infection eingeleiteten inneren Behandlung doch schon in kurzer Zeit die Psychose hervortrat.

Während auf der andern Seite mir auch Fälle vorgekommen sind, wo zwischen der ersten Infection und dem Ausbruch der Psychose Jahrzehnte verstrichen, obgleich nur eine sehr oberflächliche Behandlung der ersten Infection stattgefunden hatte.

Es ist keinem Zweifel unterworfen, dass es hier von Bedeutung ist, welche andere somatische und psychische Einflüsse noch zur Geltung kommen und dass je gewaltiger diese Einflüsse einwirken, um so eher die Psychose sich entwickelt.

Es gilt hier ganz gewiss alles dasjenige, was überhaupt in der Aetiologie der Psychosen von Einfluss ist, indem es sehr wahrscheinlich ist, dass der Ausbruch der Psychose an und für sich durch die constitutionelle Luës nicht befördert wird, dass vielmehr der Psychose, die auch ohnedies hervorgetreten sein würde, nur der luëtische Character aufgeprägt wird.

Wir finden daher auch bei den luëtischen Psychosen alle die ursächlichen Verhältnisse notirt, welche bei nicht luëtischen Psychosen vorkommen und alle die Ereignisse, welche überhaupt einen beschleunigten Ausbruch der Psychose veranlassen, wie Kopfverletzungen — Gehirnerschütterungen verschiedener Art — Insolation

— heftige Eindrücke auf das Gemüth, lassen auch die luëtischen Psychosen um so früher erscheinen.

Wovon es abhängt, dass in dem einen Falle die constitutionelle Erkrankung sich mehr in somatischen Zuständen, Erkrankungen der Haut, der Knochen etc. zu erkennen giebt, während in dem anderen ohne anderweitige somatische Symptome, die Psychose als erstes Symptom hervortritt, hängt auch ganz gewiss für diese einfachen luëtischen Psychosen von der allgemeinen Aetiologie der psychischen Störungen ab und wird ganz gewiss weniger von Momenten influirt, die mit der Luës überhaupt in Verbindung stehen.

Die einfachen luëtischen Psychosen können in allen möglichen Formen auftreten von der leisesten „*hypochondrischen*" Verstimmung an durch die verschiedenen Formen der Melancholie hindurch (Verfolgungs- und Versündigungs-Melancholie) bis zu der wildesten Tobsucht oder dem tollsten Grössenwahn.

Gewöhnlich wird die luëtische Psychose mit einer traurigen Verstimmung eröffnet, die in Form der „*Hypochondrie*" oder *leichter* „*Melancholie*" längere Zeit stationär bleiben kann.

Wenn behauptet wird, dass diese Hypochondrie in der grösseren Mehrzahl der Fälle als „Hypochondria syphilitica" oder „Syphilitophobie" auftrete, wo der Kranke beherrscht wird von der Angst, secundär oder tertiär syphilitisch zu werden oder gar an Syphilis zu Grunde zu gehen, so ist das für gewisse Kreise der Beobachtung gewiss nicht anzufechten, in anderen Kreisen wird dieser Beobachtung aber direct widersprochen und ich muss gestehen, dass ich mich in dieser Beziehung der letzteren Behauptung anschliesse.

— 19 —

Es ist aber sowohl diese Frage als auch überhaupt diejenige bezüglich der Frequenz luëtischer Psychosen, einestheils in Vergleich zu den luëtischen Erkrankungen überhaupt, anderntheils in Vergleich zu den Psychosen überhaupt, nur sehr schwer zu entscheiden.

Wie viele psychisch gestörte Luëtiker existiren in den verschiedenen Anstalten, wo die Diagnose der luëtischen Erkrankung von dem Hausarzte nie gemacht wurde, wo nicht einmal an den Zusammenhang mit Luës im allerentferntesten gedacht wurde, ja wo sogar, trotz directer Indicien, wegen einzelner Prinzipienfragen die luëtische Erkrankung direct in Abrede gestellt wurde und wo erst in der Anstalt das Leiden erkannt wird (ich will nur an den einen Umstand erinnern, der mir in der Praxis so oft vorgekommen ist, dass manche Collegen mit grosser Consequenz daran festhalten, es könne nur dann eine constitutionelle Syphilis angenommen werden, wenn direct ein Ulcus syphiliticum durum als primäres Leiden nachgewiesen worden sei — sie begnügen sich dabei aber mit der Aussage des Patienten selbst, ohne weiter über die Richtigkeit derselben bei den betreffenden Collegen nachzuforschen und gründen darauf den bestimmten Ausspruch, dass eine luëtische Erkrankung nicht angenommen werden könne, weil der Patient früher nur eine Gonorrhöe gehabt haben wolle). — Wo also das Material noch so ganz unsicher ist und wo so viele zweifelhafte Fälle existiren, da ist das Urtheil über die Häufigkeit der luëtischen Psychosen ein sehr schwieriges, so dass ich mir gar nicht die Mühe genommen habe, aus einem kleinen Kreise Verhältnisszahlen zusammenzustellen, die ja doch wahrscheinlich wieder von dem nächsten Bearbeiter des Gegenstandes als unrichtig erklärt worden wären. — Wir müssen also die Antwort anf die Frage, ob die luëtischen Psychosen häufig sind, vorläufig noch bis zu der Zeit verschieben, wo die Diagnose der luëtischen Psychosen leichter und sicherer ist.

Die „Hypochondria syphilitica" ist allerdings eine nicht seltene Form der Hypochondrie, welche wir im ersten Stadium der luëtischen Psychosen beobachten, aber es kommt noch viel häufiger vor, dass sich derartige Hypochonder mit anderen Klagen beschäftigen, und durch andere Besorgnisse geängstigt werden.

Ich will hier nicht alle die einzelnen Möglichkeiten zusammenstellen, es wird sich im Laufe der Abhandlung namentlich in den mitzutheilenden Krankheitsgeschichten noch öfter Gelegenheit bieten, auf die verschiedenen Objecte der hypochondrischen Klagen zurückzukommen.

Die Hypochondrie kann längere Zeit auf demselben Standpuncte bleiben, ohne dass irgend eines der Symptome sich steigert.

I. Hypochondrie.

R. W. ist ein hochgestellter, militärischer Beamter von 38 Jahren, der stets durch seine Intelligenz und seine militärischen Leistungen sich ausgezeichnet hatte, dem in Folge dessen eine sehr wichtige Position anvertraut war, die er schon seit einigen Jahren mit grosser Umsicht geführt hatte. Der körperlich kräftige Mann, der eigentlich nie Etwas zu klagen hatte, wurde vor einigen Jahren plötzlich sehr verstimmt und muthlos, er klagte seinem Arzte die verschiedensten Dinge; hatte er etwas Husten, so machte er sich gleich Sorge, dass die Schwindsucht daraus entstehen könnte, war die Verdauung etwas träge, so sah er schon die schwersten Erkrankungen der Unterleibsorgane daraus hervorgehen. Da ihm die Verstimmung seine geistige Arbeit etwas erschwerte, so fürchtete er, dass er bald nichts mehr leisten könnte und dass man ihn rasch aus dem Dienste entfernen würde. Anfangs sprach er diese Klagen blos dem Arzte gegenüber aus, allmählich nahmen dieselben aber so zu, dass er sich vor Niemanden mehr genirte und gegen Jedermann, der mit ihm in Berührung kam, über seine traurige Lage sich in weitläufigen Klagen ergoss. Es wurde nach längerer vergeblicher Behandlung durch den Hausarzt ein Consilium veranstaltet, in welchem sich die Collegen dahin einigten, dass der Kranke mit Rücksicht auf einen bestehenden Bronchial-Catarrh eine Cur in Soden gebrauchen und dass er zur Nachcur nach einem Stahlbad gehen solle. Letzteres ward schon mit Rücksicht darauf empfohlen, dass er in der letzten Zeit körperlich etwas heruntergekommen war, was man von seiner verspäteten Heirath mit einer jungen lebenslustigen Dame herleitete. Er verwendete zwei Monate auf diese beiden Badereisen, kam aber verstimmter zurück, als er fortgegangen war. Er hielt sich für unfähig, seine Geschäfte wieder aufzunehmen, und da er nichts mehr zu leisten im Stande sei, wolle er um seine Pensionirung einkommen, um der unfreiwilligen Entfernung zu entgehen. Andere bestimmte Wahnvorstellungen waren nicht bei ihm zu bemerken. Zur weiteren Berathung des Patienten wurde der Verfasser dieses zugezogen.

In der Besprechung mit dem behandelnden Collegen, warf ich die Frage auf, ob bei dem Kranken nicht vielleicht die Lebercirrhose auf eine constitutionelle Lues zurückzuführen sei; diese wurde aber mit vollständiger Indignation zurückgewiesen, so dass ich beinahe noch um Verzeihung hätte bitten müssen, überhaupt eine solche Frage mir erlaubt zu haben.

Der Patient habe in früheren Jahren nur eine Gonorrhöe gehabt, es könnte also an eine constitutionelle Erkrankung gar nicht gedacht werden. Seine Gemüthsverstimmung sei durch den Bronchial-Catarrh, die Erkrankung der Leber, die Blutarmuth und die übergrosse geistige Anstrengung hinreichend erklärt. Bei der hierauf vorgenommenen körperlichen Untersuchung, deren einzelne Resultate ich der Kürze halber hier übergehe, bemerkte ich aber auf dem Brustbeine einen ziemlich ausgedehnten Tophus, so dass ich den Herrn Collegen darauf aufmerksam machte und ihm nun die vollständige Lösung meines Zweifels offen erklärte.

Dies wurde aber so ohne weiteres noch nicht angenommen, sondern immer mit Rücksicht auf die früher vorhandene Gonorrhöe in mehr oder weniger entschiedener Weise bestritten und die Behauptung geäussert, die Knochenauftreibung könne auch von einer anderen Ursache herrühren, bis ich endlich wenigstens den Compromiss durchsetzte, dass wir einmal einen Versuch mit dem Jodkalium machen wollten.

Würde der dann nicht zu Gunsten meiner Ansicht ausfallen, so würde ich mich selbstverständlich mit meiner Diagnose zurückziehen und andere Vorschläge machen. Es wurde Anfangs pro die eine Drachme verordnet, und diese Dosis nach 8 Tagen verdoppelt. Nach vierwöchentlichem Gebrauche des Jodkaliums erhielt ich von dem Patienten den ersten Brief, worin er mir mittheilte, dass seine Stimmung eine viel bessere sei und dass er jetzt wieder Hoffnung habe, glücklicher und gesünder zu werden; auch der Herr Collge schrieb einige Zeilen darunter, um die Angaben des Kranken zu bestätigen. Unsere Vereinigung war nun gemacht und der Kranke wurde längere Zeit mit Jodkalium weiter behandelt. Der Erfolg war der, dass seine körperliche Gesundheit und sein früherer Humor wieder vollständig hergestellt wurden und dass seine dienstlichen Leistungen wieder eben so vortrefflich und ihm eben so leicht wurden wie früher.

Während des französischen Krieges trat er wieder in die active Armee als Bataillons-Commandeur ein und übernahm später ein Regiment. Er ertrug alle Strapatzen verschiedener Schlachten ohne die geringste Störung und ohne nur den leisesten Anfall von Verstimmung.

Es kann sich aber auch bald vollständige Melancholie entwickeln, die in allen Hauptformen als *active* und *passive*, mit und ohne Angst verlaufen kann und in der sich jede mögliche ängstliche Vorstellung besonders fixiren kann.

Die häufigsten Formen luëtischer Melancholie sind:

a) die *Verfolgungsmelancholie* mit allem erdenklichen Misstrauen gegen Andere, begünstigt durch Hallucinationen und verschiedene Wahnideen von Beeinträchtigung und Benachtheiligung durch dritte Personen. Die Krankheitsgeschichte II wird eine solche Verfolgungsmelancholie ausführlicher schildern.

II. Verfolgungs-Melancholie.

Der 41jährige Kaufmann J. R., suchte wegen einer schon länger dauernden Verstimmung und namentlich auch wegen der unbezwinglichen Neigung, andoren Leuten Schlechtes nachzusagen und sie in der rücksichtslosesten Weise zu beleidigen, meine Hülfe nach.

Aus der Anamnese hebe ich folgende Momente hervor. Die Eltern waren nicht mit einander verwandt und zeigten auf keiner Seite nervöse Erkrankungen. — Sie hatten 13 Kinder. — Die vier ältesten und acht jüngsten waren gesund, das fünfte, eine Tochter war sehr nervös und hatte an einen gesunden Mann verheirathet, ein idiotisches Kind geboren — Patient war das neunte Kind. Ueber die Geburt und die ersten Lebensjahre desselben ist nur Günstiges zu berichten. — In der Schule lernte er ausgezeichnet, nur machte ihm das Rechnen grosse Schwierigkeiten. — Im dreizehnten Jahre onanirte er und im 17. Jahre überliess er sich dem Umgang mit dem anderen Geschlechte. — Eine eigentliche Infection ist nie constatirt worden, doch erschienen in seinem 24. Jahre in beiden Handflächen linsengrosse, lederfarbige Flecken, nach einiger Zeit ein Ausschlag auf dem Kopf und eine Drüsenanschwellung im Nacken. Er begab sich desshalb in ein grösseres Hospital, wo ihm eine Schmiercur verordnet wurde, welche einen guten Erfolg hatte.

Im 27. Jahre verheirathete er sich sehr günstig. Im 32. Jahre trat ein Stockschnupfen ein, der fast ein ganzes Jahr dauerte und mit dem sich nach einigen Monaten eine Knochenauftreibung am rechten Oberkiefer verband.

Im folgenden Jahre gebrauchte er warme Sitzbäder mit Zusatz von Mutterlauge und nahm innerlich Jodkalium, worauf alle Erscheinungen schwanden. Er hatte bis dahin 3 Kinder gezeugt, die vollständig gesund waren und nie ein Symptom einer constitutionellen Erkrankung dargeboten haben. — Trotzdem Patient in glücklichen Familien-Verhältnissen und in einer sehr günstigen geschäftlichen Position lebte, war doch seine Stimmung immer gedrückt und er wurde von allerlei hypochondrischen Ideen gequält. — Im 35. Jahre zeigte sich in der rechten

Nasenwand ein Geschwür, welches sich immer mehr ausdehnte, indem zu gleicher Zeit der Nasenknochen allmählich bedeutend anschwoll. — Patient ging desshalb nach Aachen zur Cur, gebrauchte neben den Bädern Innunctionen (10), was zu einem günstigen Erfolg führte, so dass schon nach einigen Wochen nichts mehr an der Nase zu sehen war. — Um so mehr bildete sich aber bei ihm jetzt die Melancholie aus und namentlich die fixe Idee, dass alle Menschen ihm übel wollten, ihn verdächtigten und ihm schadeten. — Er schmiedete desshalb einen grossen Racheplan gegen seine vermeintlichen Feinde, der dahin ging, dass er eine Menge anonymer beleidigender Briefe und Correspondenzkarten schrieb und durch die Post versandte.

Nebenbei zeigte sich bei ihm eine grosse Aengstlichkeit, namentlich wenn mehrere Menschen in seiner Nähe waren. Er konnte desshalb nicht dazu gebracht werden, einem Begräbniss beizuwohnen. — Im Genuss von Spirituosen war er äusserst mässig, obgleich sein Geschäft vielfach die Gelegenheit zu Excessen ihm bot.

In Folge seiner anonymen Correspondenzen zog er sich eine grosse Menge von Feinden zu, die ihn in einer Weise bekämpften und sogar in öffentlichen Blättern angriffen, dass er wirklich ein verfolgter Mensch wurde. Er bekam eine ganze Reihe unangenehmer Prozesse, die ihn so aufregten, dass er Nachts nicht mehr schlafen konnte. Gegen dieses Uebel wendete er Chloral an, das er und zwar in grösseren Portionen aus einem Droguengeschäfte gebrauchte. Er sah alles dies als Folgen dieser Correspondenzen ein, beschloss desshalb das Correspondiren zu lassen und verpflichtete sich sogar zu grossen Conventionalstrafen, wenn er noch einmal in diesen Fehler verfallen sollte.

Er kam darauf, um eine gründliche Cur gegen sein Leiden zu gebrauchen, da er zu Hause doch nichts erreichte und namentlich dem Triebe des Correspondirens nicht widerstehen konnte, hierher zur Behandlung. —

Die Untersuchung ergab folgendes: Patient ist 1,75 Meter gross, wiegt 161 Pfd.; an dem Halse und auf beiden Schultern besonders an der linken bestehen noch thalergrosse braune Flecken — chronische Pharyngitis — Druck auf die Wirbelsäule ist nicht schmerzhaft, geringes Schwanken bei geschlossenen Augen; die Untersuchung der Respirations- und Circulationsorganen ergab nichts als zu schwache Herztöne — die Untersuchung mit dem Augenspiegel ergab weiter keine krankhaften Erscheinungen. — In psychischer Hinsicht zeigt sich eine grosse Erregbarkeit, ein unruhiges ängstliches Wesen, besonders in Gesellschaft, mit steter Tendenz Alles auf sich zu beziehen und mit unbezwingbarer Neigung, seine vermeintliche Verfolger zu beleidigen, obgleich er die schlimmen Folgen dieser Beleidigungen einsah. Dabei Schlaflosigkeit.

Es wurden ihm nun verordnet: Morgens kalte Abreibungen, dann 1 Gramm Jodkalium in einem Glase Wasser, um 11 Uhr ein kaltes Sitzbad; dann absteigende Galvanisation des Rückens und Abends wieder 1 Gramm Jodkalium in einem Glase Wasser. Schon in kurzer Zeit beruhigte sich Patient, der Schlaf stellte sich ein und nach 6 Tagen waren die Flecken an der Schulter bedeutend abgeblasst. Im Laufe der folgenden Tage traten alle übrigen krankhaften Erscheinungen rasch zurück. Nach 14 Tagen stellte sich ein Magencatarrh ein, während dessen er besonders in der Nacht, wenn er wach im Bette lag, wieder von dem unbezwinglichen Triebe, in der früheren Weise beleidigende Briefe oder Postkarten zu schreiben, beherrscht wurde.

Nach Beseitigung dieser intercurrirenden Erkrankung schritt die Besserung wieder gleichmässig vorwärts und er nahm an Gewicht zu. Trotz der sorgfältigsten Cur zeigten sich doch nach einiger Zeit entzündliche Erscheinungen an der Nase, die auf rothe Präcipitalsalbe rasch zurückgingen; es wurde daher auch ein Versuch gemacht, die Flecken am Halse mit dieser Salbe zu bestreichen, was einen eben so guten Erfolg hatte.

Nach einer zweimonatlichen Cur fühlte sich Pat. von seinen Verfolgungsideen ziemlich befreit, und auch wieder fähig, selbst schweren Beleidigungen, wenn sie eintreten sollten, zu widerstehen. Er gebrauchte zu Hause die Cur in der bisherigen Weise weiter und hat seitdem mehrere Jahre sich kräftig gehalten, ohne wieder in Verstimmung zu verfallen und ohne wieder beleidigende Correspondenzen zu betreiben. Nach den neuesten Nachrichten geht es ihm immer noch gut.

b) Die *Versündigungsmelancholie* mit allen erdenklichen Selbstanklagen, wo auch natürlich die Vorwürfe über leichtsinnigen Lebenswandel, Selbstbeschädigung etc. eine Hauptrolle spielen, und wo Selbstmordversuche sehr häufig gemacht werden. Die Krankheitsgeschichte III wird eine solche Versündigungsmelancholie ausführlicher schildern.

III. Versündigungs-Melancholie.

W. J., Justizbeamter, stammt aus einer Familie, in welcher Erkrankungen des Nervensystems öfters vorgekommen sind.

Der Vater des Patienten litt an Exaltation und musste wiederholt in eine Irrenanstalt gebracht werden, das erste Mal wurde er genesen entlassen, das zweite Mal wurde er nicht geheilt und blieb bis zu seinem Tode in der Anstalt.

Auch in der Familie der Mutter sind Erkrankungen des Nervensystems vorgekommen, die Grossmutter mütterlicher Seits hat sich in hohem Alter aufgehängt, eine Schwester der Mutter, die gut verheirathet war, wurde gemüthskrank, aber wieder hergestellt, starb dann später an Schwindsucht.

Die beiden Eltern waren nicht mit einander verwandt; aus der Ehe gingen fünf Kinder hervor, von denen eins einige Tage nach der Geburt gestorben ist. Patient ist das dritte Kind, seine drei Geschwister erfreuen sich bis jetzt einer ungestörten Gesundheit des Nervensystems.

Patient entwickelte sich in seiner ersten Kindheit ganz normal, überstand die Masern, litt oft an Würmern und hatte viele Hautausschläge. Ob die früher bestandene linksseitige Otorrhoe mit diesen Hautausschlägen zusammenhing oder anderweitig bedingt war, ist nicht genau festzustellen

Mit dem 16. Jahre überstand er ein gastrisches Fieber; seit dieser Zeit war der Unterleib nie mehr ganz in Ordnung, in Folge dessen die Ernährung gestört und Patient fühlte sich nie recht kräftig. — Mit dem 18. Jahre besuchte er die Universität, wo er verschiedene Tripper acquirirte, die ziemlich schnell abheilten. Im 27. Jahre bekam er einen Tripper, der sehr lange dauerte, aber wahrscheinlich in einer syphilitischen Infection bestand. Nach demselben entwickelte sich ein

Ausschlag in verschiedenen Formen, zuerst auf der Stirne, dann auf dem Rücken und später auch an den Armen. — Er wurde dabei homoöpatisch behandelt. In den nächsten zwei Jahren verschlimmerte sich dieser Ausschlag sehr, er bekam offene Wunden, die viel absonderten. Im 34. Jahr verheirathete er sich, doch verlor er nach zwoi Jahren schon wieder die Frau.

Die Beerdigung machte ihm grosse Gemüthsanfregungen; gleich nachher trat der Ausschlag sehr stark hervor, es zeigten sich Ohrensausen und Stirnkopfschmerz. In Folge dessen besuchte er kurze Zeit ein Schwefelbad, das aber im Ganzen wenig Linderung schaffte.

In den nächsten beiden Jahren entwickelte sich langsam eine melancholische Verstimmung; er hielt sich für unfähig zu seinen Dienstgeschäften und machte sich eine Menge Vorwürfe über sein vergangenes Leben, befürchtete auch den Verstand zu verlieren. In der höchsten Verzweiflung machte er zwei Selbstmordversuche, den einen durch Zudrehen der Ofenklappe, den anderen durch Aufhängen am Fensterknopfe. Er wurde aber glücklich aufgefunden und abgeschnitten. Er kam darauf zu einer gründlichen Cur in die hiesige Anstalt, nachdem er vorher noch ohne Erfolg eine Reihe von Curen durchgemacht gegen seine Gemüthsverstimmung. Bei der Untersuchung ergaben sich folgende Anhaltspunkte:

Auf der linken Schläfe zeigte sich eine thalergrosse strahlige syphilitische Narbe; auf dem Rücken, auf dem Bauch und auf den Armen zeigten sich ähnliche Narben, theils grösser, theils kleiner; der ganze Rücken war bedeckt mit einem Ausschlage, der sich nach seiner Farbe etc. als ein syphilitischer ergab.

Die Untersuchung der Respirationsorgane ergab nichts Abnormes. Puls 76. Die Untersuchung mit dem Augenspiegel ergab normale Verhältnisse. Die Sensibilität zeigte sich nirgends gestört. — Die Untersuchung der Digestionsorgane ergab einen starken Magencatarrh. Trotz dieses Magencatarrhs wurde ihm das Kali hydrojodicum gereicht, von dem er per Tag einen Gramm nahm. Gegen die Verstimmung und die Schlaflosigkeit wurde ihm noch Opium und Chloralhydrat verordnet. Bei dieser Behandlung besserte sich sein Zustand allmählig, sein Schlaf wurde anhaltender und erquickte ihn mehr, er wurde heiterer, unterhielt sich mehr mit anderen Patienten, nahm an Ausflügen Theil und gewann auch den Muth und die Ausdauer, sich im Garten mit allerlei mechanischen Arbeiten zu beschäftigen. Der Ausschlag auf dem Rücken und die verschiedenen Narben blassten sehr ab — nach einer zweimonatlichen Cur konnte der Patient als vollständig von seiner Melancholie genesen, in einer sehr heiteren Gemüthsstimmung aus der Anstalt entlassen werden. Es wurde ihm zur Nachcur noch ein Seebad und der Weitergebrauch des Jodkalium empfohlen. Nach den neuesten Nachrichten geht es ihm fortwährend sehr gut.

Die melancholische Verstimmung kann aber auch in die gegentheilige umschlagen, so dass es dann zur *tobsüchtigen* Aufregung kommt, und dass sich hieraus wieder die entsprechenden Formen des *Grössenwahns* entwickeln. Dieser Verlauf ist der gewöhnliche und der am häufigsten vorkommende, doch tritt auch in vereinzelten Fällen die Tobsucht direct ohne merkbares melancholisches Vorstadium hervor.

Die nachfolgende Krankheitsgeschichte (IV) betrifft eine tobsüchtige weibliche Kranke, welche vollständig von ihrer syphilitischen Tobsucht geheilt worden und auch jetzt schon beinahe ein Decennium gesund geblieben ist.

Die letzten Jahre haben die Zahl der luëtischen Tobsuchten, namentlich bei dem weiblichen Geschlecht in Schrecken erregender Weise vermehrt, so dass ich, wenn ich nicht befürchtete, die Leser zu ermüden, eine ganze Reihe ähnlicher Krankheitsgeschichten aus den besten Ständen hier anführen könnte. Es liegt das offenbar daran, dass bei der Behandlung der primären Infection heutzutage das „cito" zu sehr in den Vordergrund tritt und dass die Herren Collegen das „tuto" zu sehr aus den Augen lassen und daher gewöhnlich schon bald nach der Verheirathung die jungen Frauen von ihren Ehemännern inficirt werden.

IV. Tobsucht.

Ehefrau F. E., 27 Jahre alt, wurde Ende Juli 18 . . der hiesigen Anstalt übergeben, wegen einer sehr heftigen tobsüchtigen Erregung, Die Anamnese ergab folgende Anhaltspunkte.

Patientin ist schon seit mehreren Jahren geistig gestört und wurde desshalb schon im Mai v. J. einer Staatsanstalt übergeben, jedoch nach 6 Monaten als an periodischer Tobsucht leidend (und wahrscheinlich unheilbar) aus derselben entlassen.

Im darauffolgenden Sommer wurde sie dann hierher gebracht. Der ärztliche Bericht sagt: „Patientin ist von kleiner, jedoch kräftiger Statur wohlgestaltet, gut genährt, vollsaftig, mit vollen rothen Wangen und freundlichen feurigen Augen."

„Sie ist seit etwa 3 Jahren verheirathet und hat im Januar v. Jahres bei ganz regelmässigem Geburtsverlauf ein gesundes Kind geboren, das sie bis zur Ueberführung in die Irren-Anstalt mit wahrer zärtlicher Mutterliebe an der Brust gestillt hat."

Weiter heisst es dann in dem Berichte: „Ich nehme keinen Anstand zu behaupten, dass die mit „periodischer Tobsucht" bezeichnete Krankheit der F. E., in der Sphäre der sexualen Organe wurzelt, dass sie auf erhöhter Sensibilität der sexualen Nerven beruht, auf einer Verstimmung derselben, die zeitweise das gesammte Nervensystem, ja die Psyche selbst angreift und Zufälle hervorruft, welche die genannte Krankheitsform darstellen."

„Am Passendsten für sie scheint mir der Namen „acuter Hysterismus" zu sein, kurz ich halte die genannte Krankheit für eine consensuale periodische Gehirnreizung in genauem Zusammenhang mit den Geschlechtsfunctionen des Weibes."

„Die Grossmutter der Patientin soll mitunter an geistiger Störung gelitten haben, ein Sohn ihrer Schwester ist blödsinnig."

Die ehelichen Verhältnisse sind höchst ungünstig, der Ehemann leidet an Epilepsie, ist auch mitunter dem Trunke ergeben und behandelt die Frau schlecht. Da Patientin zu Hause allerlei gefährliche Handlungen beging und mit noch gefährlicheren drohte, so konnte dieselbe nicht zu Hause verbleiben und wurde in die hiesige Anstalt übergesiedelt.

Patientin ist in sehr heiterer Stimmung, die sogar die Nacht durch anhält, so dass sie wenig schläft und die anderen Kranken auf demselben Corridor mit ihrem Gesange stört; sie hat ein libidinöses Wesen, sucht sich zu entblösen und macht sich durch ihre Unruhe stets bemerklich. Zu einer Beschäftigung ist sie am ersten Tage gar nicht zu bestimmen, sie hat kaum so viel Ruhe, dass sie zum Essen ordentlich sitzen bleibt. Des Abends wurden ihr $\frac{3}{4}$ Gran Morph. gereicht, worauf sie die Nacht über schlief, sich am andern Morgen ruhig verhielt, sich sogar etwas mit Handarbeit beschäftigte und ordentlich ankleidete.

Die Ruhe nahm bei der gleichen Behandlung noch immer zu, ihr Schlaf wurde besser. Am 14. Tage ihres hiesigen Aufenthalts jedoch waren die Menses in der Nacht eingetreten und sofort zeigte sich die heftigste Tobsucht, sie schrie, schimpfte, zeigte sich sexuell sehr erregt und musste isolirt werden. Da die Menses sehr profus waren, so wurde Liq. ferr. gereicht und mit dem Morph. Abends auf $\frac{1}{2}$ Gran, Morgens auf $\frac{1}{4}$ Gran gestiegen. Auch nach dem Aufhören der Menses dauerte die Aufregung noch einige Tage fort, aber in geringerem Grade, sie konnte wenigstens wieder mit anderen Kranken verkehren und zerstörte weniger.

In dem folgenden Monat traten die Menses wahrscheinlich durch den länger fortgesetzten Gebrauch des Liq. ferr. um 8 Tage später ein; während derselben verhielt sich die Patientin ganz ruhig und war ordentlich. Vier Tage nach dem Aufhören derselben, brach aber wieder die heftigste Tobsucht hervor, wo sie sich ganz wie bei dem ersten Anfall gebehrdete, schimpfte, schrie, sang, alles zerstörte was sie in die Finger bekommen konnte, namentlich aber ihre Kleider zerriss. Diese Anfälle dauerten fast jedesmal 14 Tage. In ihren ruhigen Tagen konnte sie regelmässig gewogen werden und zeigte als Anfangsgewicht 111 Pfund. Der Puls war gewöhnlich 92 Schläge, sonstige Abnormitäten ergaben die verschiedenen Untersuchungen nicht, die Respirations- und Circulationsorgane waren in normalem Zustande.

Bei einer abermaligen Untersuchung im December wurde festgestellt, dass die knöchernen Theile der Nase durch eine innere Ulceration schmerzhaft und bis zu einem gewissen Grade eingesunken waren. Ausserdem zeigten sich die Drüsen im Nacken sehr angeschwollen.

Obgleich in dem ärztlichen Bericht nirgends etwas von einer syphilitischen Infection gesagt ist, sondern nur angedeutet, dass die Kranke, deren Mann sie also

schlecht behandelte, ein grosses Verlangen nach dem Beischlafe mit andern Män-
nern habe und sich auch ganz rückhaltlos darüber ausspreche, so konnten wir natürlich den Verdacht einer luëtischen Erkrankung nicht von der Hand weisen. — Es
wurde dessbalb von Anfang Januar ab das Jodkalium innerlich dargereicht; um so
mehr, da alle übrigen bis dahin angewandten Arzneimittel keinen Nutzen brachten.
Schon im ersten Monat war der Erfolg bemerkbar, indem Patientin sich sehr beruhigte,
auch nach den Menses trat keine so heftige Aufregung ein. Das Jodkalium wurde
in steigender Dosis fortgebraucht. Schon im Monat März war sie so beruhigt, dass
der Regel keine Aufregung mehr folgte und dass sie sich fleissig beschäftigte.
Schon Anfangs April (10./4.) konnte sie in die freieren Verhältnisse der Colonie
übergesiedelt werden und verhielt sich ganz zur Zufriedenheit auch nach dem Eintritt der Menses, die immer ziemlich regelmässig erschienen. Das Körpergewicht
während des Gebrauchs von Jodkalium verhielt sich nun in folgender Weise. Im
Januar stieg dasselbe auf 113 und 115 Pfund, im Februar blieb es gleich, im März
stieg es auf 118, 119, 120, sogar 123 Pfund, im April auf 129 Pfund. — Die ge-
lindere Aufsicht in den freieren Verhältnissen machte sie aber im Arzneigebrauch
etwas nachlässig, trotzdem ist aber die Psychose nicht verschlimmert während eines
Magencatarrhs, der sich mit heftigen Kopfschmerzen verband. Die Monate Juni,
Juli und August verliefen sehr gut und hielt sich die Patientin recht ordentlich,
nur einigemale traten wieder Magencatarrhe hervor, welche aber keine Störungen
ihres psychischen Verhaltens zur Folge hatten. Im October und November wurden
die Menses etwas unregelmässig, das psychische Verhalten blieb aber gut. Vor
Weihnachten wurde die Frau vollständig genesen entlassen und hat sich auch während der letzten 8 Jahre sehr gut gehalten, trotzdem ihre Familienverhältnisse sich
nicht gebessert haben. - In welcher Zeit und auf welche Weise die primäre Infection stattgefunden hat, ist aus den mitgetheilten Papieren nicht genau festzustellen, sie selbst gab nie eine Auskunft darüber. — Aus Allem geht aber hervor,
dass die constitutionelle Erkrankung im Ganzen nur kurze Zeit, höchstens drei
Jahre gedauert haben kann.

Die bis dahin beschriebenen einfachen „luëtischen Psychosen" sind dadurch characterisirt, dass die Centralorgane des Nervensystems von der constitutionellen Erkrankung nicht ergriffen sind, dass aber andere Organe, besonders aus der Reihe der Circulations-, Respirations- und Digestionsorgane luëtisch erkrankt sind und dass diese Organ-Erkrankung gerade in derselben Weise wie bei andern nicht luëtischen Affectionen ihren nachtheiligen Einfluss auf die Psyche geltend macht. — Die specifische Erkrankung der betreffenden Organe macht es nothwendig, dass auch eine specifische Behandlung eingeleitet wird, da die Anwendung der gewöhnlich für die betreffenden Organe heilsamen Medicamente keinen Einfluss auf dieselben übt und die Psychose ziemlich unberührt lässt. Diese „einfachen luëtischen Psychosen" stehen deshalb aber nicht weniger als die später zu schildernden Psychosen auf dem Boden der constitutionellen Affection und verdienen desshalb mit demselben Rechte wie diese den Namen „luëtische Psychosen."

Die richtige Erkenntniss und Beurtheilung der constitutionellen Erkrankung ist nicht immer so leicht, wie es vielleicht den Anschein haben könnte. Es gibt manchmal eine ganze Reihe von Fällen, wo die Anamnese gar keine oder doch wenigstens nur höchst unsichere

Anhaltspunkte darbietet; wo die stattgefundene primäre Infection gar nicht erkannt oder durch das Zusammentreffen ganz sonderbarer Verhältnisse verdunkelt wird. (Ich will hier nur an die Ansteckung ganzer Familien durch Hebammen, durch Schenkammen, durch Impfung mit vergifteter Lympfe etc. erinnern.) Der Arzt ist lediglich auf eine sorgfältige Untersuchung der betreffenden Patienten angewiesen, und muss er vor allen Dingen die folgenden Erscheinungen als Anhaltspuncte für die Diagnose besonders ins Auge fassen. — Dahin gehören zunächst alle die von der primären Infection zurückgebliebenen Narben der männlichen resp. weiblichen Genitalien, ferner die Narben die von der Impfung, und die Narben an der Mamma, welche aus dem Säugegeschäft herrühren können.

Ferner die Narben, welche von der ersten unmittelbaren Blutvergiftung herrühren, die Narben an den Inguinaldrüsen (Bubonen), an den Drüsen des Halses, des Nackens, des Ellenbogens (Cubitaldrüsen), welche oft nach langen Jahren noch durch ihre Geschwulst, Form und Farbe, die stattgefundene Infection erkennen lassen. — Daran reihen sich die Narben, welche von der secundären Erkrankung herrühren, oder diese selbst, die Ulcerationen an den Lippen, an der Zunge, die Ulcera und stenosirenden Narben im oberen Pharynx, im Anfange des Oesophagus, an der Hinterfläche der Epiglottis, welche besonders, wenn sie strahlig, deutliche Symptome der Syphilis sind — die Erkrankungen des Larynx, besonders die Perichondritis mit beginnender Necrose des Knorpels, die sich durch Heiserkeit schon sofort bemerkbar macht — die ulcerösen oder gummösen Affectionen im Rectum, die gewöhnlich bei Untersuchung auf Syphilis ganz unbeachtet bleiben, um den After, in der Haut des Perinaeum, — die Ulcera in der Vagina und an der daneben liegenden Harnröhrenöffnung, die Sclerose der Labien — ferner die Erkrankungen der grossen Unterleibsdrüsen, die Atrophie der Leber durch Cirrhose (complicirt zuweilen mit Oedem und Ascites, und schon äusserlich kenntlich an den icterischen Erscheinungen

3

der Haut und der Sclera), wobei mitunter die derb-käsigen und elastisch-knotigen Gummata durch die Bauchdecken durchzufühlen sind — die Erkrankung der Milz und der Nieren mit Eiweiss und Harncylindern im Urin, welche als Folge amyloider Degeneration so häufig bei constitutioneller Syphilis vorkommt — und weiter die tertiären Erkrankungen im Gebiete des Knochensystems für sich oder deren Narben: die Knochenaffectionen am Schädel, welche theils als gewulstete Narben der Knochen auftreten, theils als Osteophyten, theils als Tophi sich besonders auch durch ihren Sitz am Schädel, am Brustbein und an der Tibia characterisiren. Dahin gehören ferner die Ulcerationen am Nasenbein mit Anschwellung der Nase und übelriechendem Ausfluss (Ozaena), wodurch sich so oft die constitutionelle Erkrankung erkennen lässt, — ferner noch die Reste syphilitischer Augenleiden und endlich die verschiedenen Hautausschläge von der einfachen Roseola bis zur stark epidermis-abschilfernden Psoriasis, die vorzugsweise an den Händen und der planta pedis hervortreten, jedoch auch an andern Körperstellen erscheinen. In dieselbe Reihe gehören die von syphilitischen Hautgeschwüren herrührenden meist strahligen Narben, deren Farbe schon aus der Ferne ihren Character verräth. Als ganz besonders wichtige Symptome muss ich zuletzt noch die vorzugsweise an den Uebergangs-Stellen auftretenden Condylome erwähnen.

Zu diesen objectiven Symptomen der constitutionellen Erkrankung kommen nun noch die folgenden subjectiven: *Die verschiedenen Schmerzen* (Neuralgien) *und die verschiedenen Störungen des Gemeingefühls*.

Die Schmerzen, welche mitunter ganz vereinzelt auftreten und von verschiedener Heftigkeit, aber fast in keinem Falle fehlen, wenn eine sorgfältige Untersuchung vorgenommen wird, befallen entweder den Kopf oder die Extremitäten. Die Kopfschmerzen, welche entweder bohrend sind oder mit dem Gefühle des Druckes verlaufen, sodass die Kranken klagen, das Gehirn werde ihnen zusammengepresst, befallen selten den ganzen Schädel, sondern beschränken sich in der Mehrzahl der Fälle auf einen Theil, entweder auf den Vorderkopf im Gebiete des nervus frontalis, oder auf den Hinterkopf im Gebiete des nervus occipitalis.

Es ist für dieselben characteristisch, dass sie durch Druck auf den Kopf immer gesteigert werden. Auf den Schläfen- und Scheitelbeinen erscheinen dieselben nur selten und dann meistens bedingt durch locale Affectionen, Ulcerationen, Narben und Osteophyten an den betreffenden Stellen. Im letzteren Falle zeigt gewöhnlich die erkrankte Partie eine Erhöhung der Temperatur.

Alle diese Schmerzen treten gewöhnlich in der Bettwärme stärker hervor, exacerbiren um Mitternacht und lassen gegen Morgen wieder nach. Diese „dolores osteocopi" verlaufen mitunter so regelmässig, treten in derselben Stunde ein und verschwinden auch in der nämlichen Zeit wieder, dass man dieselben für typische Schmerzen halten kann. In andern Fällen verlaufen sie ganz irregulär, machen mitunter grosse Intervalle, hören wohl auch ganz auf, ohne dass irgend eine medicamentöse Einwirkung stattgefunden hat.

Zu den Störungen des Gemeingefühls gehören die verschiedenen Stimmungs-Zustände;

a) die bei diesen Kranken meistens als *Gleichgültigkeit* und *Interesselosigkeit* erscheinen an Allem, was um sie vorgeht und was früher ihre Theilnahme in Anspruch nahm. Die liebsten Freunde und Familienglieder können ihnen das frühere Interesse nicht mehr erregen.

b) Das verschiedene *Verhalten des Ermüdungsgefühls* — dasselbe kann gesteigert sein, so dass eine vermehrte Schläfrigkeit und bei weiterer Zunahme eine förmliche Schlafsucht sich entwickelt. Viel häufiger ist dasselbe aber vermindert und eine Abnahme des Schlafes bis zur völligen Schlaflosigkeit, ist die Folge davon, auch ohne dass nächtliche Schmerzen den Schlaf verscheuchen.

Je mehr von diesen eben aufgezählten objectiven und subjectiven Symptomen bei *einem* Kranken vorhanden sind, um so mehr gewinnt die Annahme der constitutionellen Erkrankung. Am meisten Bestand erreicht aber dieselbe durch den „Beweis ex juvantibus." Während alle, gegen die den gewöhnlichen Störungen des Gemüths und der Intelligenz zu Grunde liegenden Organ-Erkrankungen, angewandten Heilmittel keinen Erfolg haben, zeigen sich die specifischen Heilmittel sofort wirksam. Wenn auch nicht die sämmtlichen Erscheinungen der Gemüths- und Intelligenz-Störung sofort verschwinden, so fangen doch die wesentlichsten und für den Kranken oder seine Umgebung oft lästigsten Symptome, schon nach einigen Tagen an, sich zu vermindern und geben uns diese leisen Versuche hinreichenden Anhalt zu energischer Anwendung dieser Specifica. In den mitgetheilten Krankheitsgeschichten habe ich auf diesen Punkt ganz besondere Rücksicht genommen und vorzugsweise solche ausgewählt, wo gerade die raschen Erfolge bei den Curversuchen mit den Specificis den Beweis für die richtige Diagnose lieferten, deren weitere Fortsetzung dann die vollständige Heilung herbeiführte.

B.

Das *zweite Stadium*, welches die mit „Motilitäts- und Sensibilitätsstörungen complicirten Psychosen" umfasst, kann sich in allmählicher Weiterentwicklung der einzelnen Symptome aus dem ersten bis dahin geschilderten Stadium herausbilden.

Es kann auch zwischen beiden Stadien ein längerer ganz freier Zwischenraum liegen, wo alle Symptome psychischer Störung aufgehört haben. Ich habe wiederholt Fälle beobachtet, wo die luëtische Melancholie oder Tobsucht genesen waren, so dass die Entlassung der Kranken aus der Cur erfolgt war und wo die Genesung auch Jahre lang Bestand hielt, bis dann plötzlich das zweite Stadium ohne besondere Veranlassung hervorbrach.

Es kann aber auch der Symptomencomplex des zweiten Stadiums auftreten, ohne dass das erste Stadium vorhergegangen ist; höchstens eine ganz leise, nicht einmal für Jeden bemerkbare Verstimmung ging vorher und nun bricht unvorbereitet das zweite Stadium aus.

Dasselbe tritt fast jedes Mal, mag der bisherige Verlauf der
Krankheit in dieser oder jener Weise vor sich gegangen sein, mit
einer gewissen Reihe „*stürmischer Erscheinungen*" auf, welche mit
unter das Krankheitsbild sehr verdunkeln und deren Ablauf man erst
abwarten muss in einzelnen Fällen, ehe man über die Natur des
Leidens ein klares Urtheil gewinnen kann.

Die stürmischen Erscheinungen treten sowohl auf *psychischer*
als auf *somatischer* Seite hervor.

Im ersten Falle sind es meistens (auf *psychischer* Seite) heftige *Tobsuchtsanfälle*, die mit einer ganz colossalen Aufregung, mit
Selbstüberschätzung und *Grössenwahn* allerschrecklichster Art auftreten, die mit Gesang und Geschrei, vor allen Dingen mit fast
durch nichts zu überwältigender Schlaflosigkeit verlaufen können
und die durch Hallucinationen der verschiedenen Sinnesorgane in
unangenehmer Weise verschlimmert werden.

Oder aber es sind heftige *Angstanfälle*, die mit furchtbarer
Aufregung erscheinen, welchen der Kranke die grässlichsten Schre-
ckenscenen als Motive unterschiebt — die mit ängstlichem Geschrei
verlaufen und ebenfalls durch Hallucinationen der verschiedenen Sinnesorgane gesteigert werden. Auch in dieser melancholischen Aufregung tritt öfter eine keinem Mittel weichende Schlaflosigkeit hervor.

Eine dritte Form, in welcher sich das zweite Stadium lue-
tischer Psychosen einführt, ist das *Delirium*, welches in heiterer
sowohl wie in ängstlicher Färbung verlaufen kann, und je nach
dem einen oder dem anderen Character ebenfalls in heftiger (heiterer
oder ängstlicher) Erregung sich zeigt. Es kann dabei ein hoher
Grad von Unklarheit des Kranken über seine Person, seinen Aufenthalt etc. bestehen.

Die vierte Form endlich, in welcher dieses Stadium hervortritt, ist der „soporöse oder rauschähnliche" Anfall. Er kann in seiner Tiefe und in seiner Dauer sehr verschieden sein, von der leichten Umneblung des Bewusstseins bis zur vollständigen Unterdrückung desselben, wo der Kranke durch die stärksten Reiz- und Belebungsmittel nur momentan oder gar nicht zur Klarheit gebracht werden kann. Ich habe solche soporöse Anfälle beobachtet, die ohne alle motorische Störungen mehrere Tage hindurch dauerten. — In der grösseren Mehrzahl der Fälle, verlauft derselbe aber in mittlerer Stärke ungefähr in folgender Weise: Das Bewusstsein ist nicht ganz vollständig getrübt, sondern befindet sich in einem Grade der Umneblung, wie man es bei Typhuskranken oder Betrunkenen zuweilen beobachtet, der Kranke schlummert still für sich, bekümmert sich um seine Umgebung gar nicht; dann wird er plötzlich durch innere Aufregung oder äussere Erregung mobil, er ordnet allerlei an, aber man merkt sofort an seinen Reden, dass er über seine ganze Lage unklar ist. — Mitunter will er auch, wenn er aus seinem Halbschlummer erwacht, gleich thätig sein, er erhebt sich aus dem Bett, er kleidet sich an, geht umher, hält aber seine Leute für Fremde, erkennt nicht seine eigene Wohnung, in einem anderen Zimmer glaubt er schon in einem fremden Hause zu sein, mitunter auch in einem ganz anderen Orte. — Die Kranken lassen sich zuweilen Alles gefallen, was man zur Linderung ihres Zustandes anordnet, zuweilen opponiren sie aber auch aufs Allerheftigste dagegen, schlagen den Krankenwärter, der ihnen kalte Umschläge machen will etc. etc.

In anderen Fällen zeigt er sich bei ganz einfachen Thätigkeiten völlig verwirrt, er benutzt z. B. den Nachttopf zum Waschen, die Waschschüssel, seine Pantoffel, seine Stiefel zur Aufnahme der Excremente; in dieser Verwechselung lässt er auch oft ins Bett gehen, was zur Diagnose der Darmlähmung Veranlassung geben kann. — Er packt ganz unnütze Sachen zusammen in ein Couvert und legt ihnen einen sehr hohen Werth bei. (Um nicht zu ausführlich in dieser Schilderung zu werden, verweise ich auf die Krankheitsgeschichte VII.) Wenn er auf diese Weise eine Zeit lang thätig gewesen ist, fällt er wieder in seinen Schlummer und liegt ruhig im Bette.

Im zweiten Falle sind es (auf *somatischer* Seite): entweder Anfälle von *Krämpfen*, die über einzelne Theile des Gefässsystems ausgedehnt, heftige und lang dauernde Schwindelanfälle hervorrufen, oder mit Erhaltung des Bewusstseins verlaufende epileptoide, wohl auch wirkliche epileptische Convulsionen veranlassen, die sich zuweilen in kürzeren oder längeren Intervallen wiederholen, aber auch mitunter ganz vereinzelt bleiben, die aber auch manchmal nur als Muskelzittern, locale Convulsionen oder *allgemeine* aber schwache Muskelzuckungen verlaufen.

O d e r a b e r es sind Anfälle plötzlich auftretender Lähmung über kleinere oder grössere Nervengebiete ausgedehnt, von der plötzlichen Aphasie, von der Lähmung einer Extremität bis zur vollständigen Hemiplegie, welche keinen Unterschied in der Auswahl beider Körperhälften macht.

Daher ist eine grosse Anzahl von Fällen in der Literatur mitgetheilt, wo das zweite Stadium unter dem Bilde eines ganz vollendeten apoplektischen Anfalls sich eingeführt hat.

Wenn diese eben geschilderten stürmischen Erscheinungen, welche das Krankheitsbild im ersten Augenblick ziemlich unkenntlich machen können, nach längerer oder kürzerer Zeit — mitunter allerdings erst nach einer mehrmonatlichen consequenten Behandlung — abgelaufen sind, so bietet die zurückbleibende Psychose die folgenden Erscheinungen dar.

Dieselbe verläuft

ᴀ) erstens in irgend einer *secundären* Form, entweder mit gedrücktem oder mit gesteigertem Selbstgefühl, sich gewöhnlich anschliessend bezüglich des Vorstellungs-Inhalts an die Psychose, welche vor dem Eintritt des zweiten Stadiums bestanden hat, oder falls die Psychose ganz neu auftritt, entweder in den verschiedenen Formen des *Verfolgungswahns* oder in den verschiedenen Formen des *Grössenwahns* sich gestaltend.

b) Zweitens sie hat sich complicirt, mit irgend einer der hier schon angedeuteten *motorischen Lähmungen* (der Augenmuskeln*), Hemiplegie oftmals verbunden mit Contracturen oder halbseitigen clonischen Zuckungen), wobei die Sensibilität, wie schon Lanceraux angab, gar nicht gestört zu sein braucht — oder mit einer *Lähmung der motorischen und sensiblen Nerven*, deren Ursprungswurzeln im Gehirne nahe zusammen liegen, oder die in ihrem Verlaufe gemeinschaftliche Bahnen zurücklegen resp. Durchlässe (Foramina) passiren.

c) Drittens hat sie, mag übrigens die Psychose verlaufen unter dem einen oder dem anderen der hier eben gezeichneten Krankheitsbilder, mögen darin auch grössere und kleinere Abweichungen vorkommen, was für dieses zweite Stadium der luëtischen Psychosen characteristisch und stereotyp ist, sich complicirt mit einem gewissen *„psychischen Defekt."*

Der *Verfolgungswahn* zeigt die allerdifferentesten Motive, welche freilich vielfach in einander übergehen und sich combini-

---

*) Von allen Nerven, welche die Augen versorgen erkrankt erfahrungsgemäss der *oculomotorius* (besonders der levator palpebrae) durch die Syphilis am häufigsten — daran reihen sich der *abducens* und *facialis*. Sehr oft sind in solchen Fällen alle drei Nerven erkrankt, wo dann *Schielen* und *Doppeltsehen*, *Mydriasis* und *Ptosis* hervortreten.

ren können. Die verschiedenen Formen, in welchen sich die Furcht
vor Benachtheiligung bei den einzelnen Kranken ausspricht, kann
man kaum Alle aufzählen, da hier die allerwunderbarsten und tollsten Befürchtungen laut werden. Sehr gewöhnlich werden diese
Wahnideen durch Hallucinationen der verschiedenen Sinnesorgane
gestärkt und gestützt und daher rührt es denn, dass diese Kranken
sehr häufig gegen ihre nächste Umgebung aggressiv werden.

Sehr oft hegen dagegen die Kranken diese Besorgniss nicht
nur für ihre eigene Person, sondern sie dehnen dieselbe auch aus
auf Freunde und Verwandte, welche sie ebenfalls in einer grossen
Gefahr schwebend glauben.

Der *Grössenwahn*, der ebenfalls durch Hallucinationen der verschiedenen Sinne gesteigert werden kann, zeichnet sich immer durch
einen gewissen Mangel geistiger Schärfe aus, die sonst dem einfachen Grössenwahn eigen ist.

Die Prahlereien, welche diese Kranken mit ihren grossartigen
Leistungen auf den verschiedensten Gebieten vorbringen, die Re-
nommage mit ihren Reichthümern, mit ihren hohen Orden und andern Auszeichnungen haben gewöhnlich etwas so Albernes, dass
man auf den ersten Blick die eingebildeten Besitzthümer erräth.

Wenn eine nicht luëtische Psychose nach einer mehr oder
weniger heftigen Aufregung, sei es maniakalischer, sei es melancholischer Art allmählich in dementia übergeht, so tritt diese Schwäche
mehr im Allgemeinen auf; es werden alle geistigen Functionen mehr
oder weniger davon betroffen und sie verlieren alle mehr oder weniger von ihrer Schärfe. Ganz anders verhält es sich aber mit dem
„psychischen Defekte," Hier gerathen einzelne geistige Qualitäten
vollständig in Verlust, grade als ob das Individuum dieselben nie
besessen hätte. Es ist schwierig dieselben näher zu begränzen und
bestimmter zu characterisiren, ich muss desshalb, um es dem Leser

deutlich zu machen, einzelne Beispiele anführen. Ich habe wiederholt derartige Kranke mit Gymnasialbildung behandelt, die in diesem Stadium nicht mehr mit den vier Species rechnen konnten; wieder Andere, die eine fremde Sprache, welche ihnen früher sehr geläufig war, nicht mehr construiren konnten, ganz abgesehen von dem Mangel der Worte; wieder andere, welche das Gefühl für Schicklichkeit und Anstand, das ihnen früher in einem sehr hohen Grade eigen war, ganz verloren hatten. Dann solche, welchen die Fähigkeit Entfernungen, sei es in die Länge oder Höhe, zu beurtheilen ganz in Verlust gerathen war, welche nicht nur bei derartigen Beurtheilungen aus dem Gedächtniss, sondern auch bei der eigenen frischen Anschauung alles Maass verloren hatten und die tollsten Angaben bei ihrer Bestimmungen machten z. B. über die Entfernung zweier Städte von einander oder über die Höhe eines Gegenstandes über der Erdoberfläche. Ziemlich constant ist es, dass alle diese Entfernungen von ihnen zu gering angegeben werden, wenigstens habe ich nie einen Fall vom Gegentheil beobachtet, nicht einmal in den Fällen, wo die Kranken an Megalomanie leiden. Selbst bei den einzelnen psychischen Vorgängen zeigen sich mitunter Defekte, wie z. B. bei der Sprachbildung. Ich habe bei Kranken, welche in dem zweiten Stadium der luëtischen Psychose an Aphasie - litten, in dieser Beziehung ganz interessante Wahrnehmungen gemacht, die ich aber hier nicht ausführlich beschreiben kann, weil es mich viel zu weit führen würde. Dieser „geistige Verlust" — ich ziehe den Ausdruck „psychischer Defect" vor, weil das gewöhnlich hierfür gebrauchte Wort „Blödsinn" doch zu mancherlei Verwechselungen führt und ausserdem nicht vollständig entspricht, — ist für das zweite Stadium der luëtischen Psychosen so charakteristisch, dass man daraus schon in einzelnen Fällen die Natur des Leidens zu diagnosticiren vermag.

In weiter fortgeschrittenen Fällen dieses Stadiums zeigt sich auch schon eine ganz auffallende „Abnahme des Gedächtnisses," beson-

ders für Eindrücke der jüngsten Vergangenheit und für Namen, sowie eine *Abnahme des Orientirungsvermögens*, während die Intelligenz noch wenig gestört ist. Dieser Defect trägt am Leichtesten dazu bei, das zweite und dritte Stadium zu verwechseln.

Einer der eclatantesten Fälle, die ich beobachtet habe, ist der folgende: Ein Kaufmann von 28 Jahren, der sich vor 4 Jahren angesteckt hatte, zeigte vor 2 Jahren ein sehr apathisches Wesen, so dass seine Brauchbarkeit auf dem Comtoir sehr abnahm. Seit 6 Monaten traten Symptome auf, die für ein Gehirnleiden sprachen: Bedeutende Ptosis dextra, Erweiterung der R. Pupille, bedeutende Schwellung der R. Papille, Herabhängen des R. Mundwinkels. — Ein Versuch mit Jodkalium fiel sehr gut aus, so dass er im Juni nach Aachen ging (Jodkalium, Schmiercur, Thermalbäder). Während den 5 Wochen trat Aufregung mit Selbstüberschätzung und Kaufwuth ein, so dass Patient zurückgeholt werden musste. — Zu Hause verschlimmert, wurde thätlich gegen die Seinigen. Brauchte neue Cur in derselben Weise, aber ohne Thermalbäder. Die Untersuchung ergab nach 3 Wochen: Patient kann sich nicht orientiren, kennt weder die Namen der behandelnden Aerzte noch auch des ihn bedienenden Dienstmädchens, er kennt nicht die Namen der beiden Herren, die mit ihm zusammen wohnen, täglich mit ihm verkehren und mit ihm essen, er kennt nicht die Namen der benachbarten Ortschaften, in denen er täglich verkehrt, er ist nicht im Stande das Postgebäude und die verschiedenen Gasthöfe, die er täglich öfter besucht, allein wieder zu finden, obgleich ihm das Alles täglich mehrmals vorgesagt und gezeigt wird. Bei seinen Unterhaltungen im Wirthshause war Niemand im Stande, Etwas krankhaftes an ihm zu finden.

Ich werde jetzt zunächst einige Krankheitsgeschichten aus dem zweiten Stadium der luëtischen Psychosen einfügen und dann zur Darstellung der zu Grunde liegenden pathologisch - anatomischen Verhältnisse übergehen.

Die Fälle, wo das zweite Stadium durch einen acuten Anfall von *Grössenwahn*, der bis zu mehreren Monaten dauern kann, eingeführt wird, sind die häufigeren, ich werde dieselben aber hier nicht besonders behandeln, sondern in der Beschreibung des III. Stadiums ausführlicher mittheilen.

Hier lasse ich jetzt zunächst einen Fall folgen, wo das II. Stadium durch „*eine Apoplexie* mit rechtsseitiger *Hemiplegie*" eingeführt wurde, die längere Zeit begleitet von Aphasie bestehen blieb, dann aber wieder vollständig geschwunden ist.

V.

*Luëtische Psychose, wo das zweite Stadium durch Apoplexie einge-
führt wurde.*

M. N. Kaufmann, 50 Jahre alt, wurde 1854 der Anstalt zur Behandlung
übergeben wegen einer Gemüthskrankheit, zu der in letzter Zeit ein Schlaganfall
hinzugetreten war. Aus der Anamnese und von den Ergebnissen der genauern
Untersuchung, hebe ich folgende Momente hervor. —

Patient stammt aus einer Familie, in welcher mehrere tiefere Erkrankungen
des Nervensystems schon vorgekommen sind. Namentlich wurden bei den nächsten Verwandten wiederholte Seelenstörungen beobachtet. Ein Bruder des Patienten hat sich selbst entleibt. — Ausserdem ist eine tuberculöse Anlage in der
näheren und weiteren Familie verbreitet, die sich schon bei mehreren Gliedern
bis zur tödtlichen Schwindsucht gesteigert hat.

Ueber die Entwickelung des Knaben und Jünglings ist nichts Besonderes
zu berichten. Er lernte sehr gut, entwickelte sich aber körperlich nicht sehr
kräftig, woran jedenfalls die tuberculöse Anlage die Schuld trug. Er besuchte
mehrere Gelehrtenschulen, widmete sich aber später dem Kaufmannsstande. —
Durch besondere Verhältnisse begünstigt, bekam er ziemlich früh eine selbst-
ständige Stellung, die er zu allseitiger Zufriedenheit führte. — Fünfzehn Jahre
vor seiner jetzigen Erkrankung hat er sich inficirt. In welcher Weise das Ulcus
behandelt wurde, ist nicht recht festzustellen, doch ist nach der ganzen Denk-
weise des behandelnden Arztes anzunehmen, dass eine rationelle innere Behand-

lung stattgefunden hat. — Bis zwei Jahre vor der jetzigen Erkrankung war Patient sehr gesund und zeichnete sich namentlich durch ein sehr heiteres Temperament aus. Dann zeigte sich aber ein psoriasisähnlicher Ausschlag im Gesicht, der, auf alle mögliche Weise behandelt, nicht weichen wollte und ihm desshalb viel Sorgen machte. Bei einiger Erhitzung juckte derselbe sehr stark, was ihn in der Gesellschaft sehr genirte. Trotzdem war Patient aber doch vorherrschend heiter und namentlich in Gesellschaft das munterste Element. Unter den Mitteln, welche er gebrauchte, sei das Zittmannsche Decoct erwähnt, das er auf Anordnung eines auswärtigen von ihm zufällig consultirten Arztes gebrauchte und später nahm er auf Anordnung seines Hausarztes längere Zeit Liq. arsen. Fowleri. — Als psychische Momente der allmählig sich ausbildenden Melancholie müssen hervorgehoben werden: die Sorgen, welche sich Pat. um die beiden unter seiner Leitung stehenden grossen Geschäfte machte, weil sie durch allerlei Geschäftscalamitäten schlechte Fortschritte machten und mehrmals sogar grosse Verluste erlitten. Er wurde ohne specielle äussere Veranlassung allmählich sehr verstimmt, wofür andere Gründe sich nicht auffinden lassen.

Alles Aussergewöhnliche reizte und ärgerte ihn, das Arbeiten wurde ihm schwer und besonders das Disponiren im Geschäfte, das ihm sonst so leicht abging, wurde ihm sauer. Er fühlte die erschwerte Thätigkeit und glaubte, dass die Geschäfte bald ganz ruinirt sein würden und dass er wenigstens nicht im Stande wäre, den Geschäftsruin aufzuhalten. Er zog sich von aller Gesellschaft zurück und sprach nur noch das Allernöthigste. Von dem Hausarzte wurde eine Entfernung aus allen Verhältnissen für nöthig erachtet und Patient desshalb in einer sehr heitern Gesellschaft nach Tyrol dirigirt. Hier erholte er sich körperlich sehr bedeutend und allmählich fing er auch wieder an, an der Unterhaltung Theil zu nehmen. Nach einer mehrmonatlichen Anwesenheit kehrte er ziemlich vergnügt zurück und übernahm auch seine Geschäfte wieder. Obgleich ihn dieselben sehr aufregten und er bei der geringsten körperlichen Anstrengung im Schweisse gebadet war, führte er dieselben doch consequent durch und soll ebenso gut disponirt haben, wie früher. —

Ohne eine besondere äussere Veranlassung trat Ende October desselben Jahres ein Schlaganfall ein, der eine Lähmung der rechten Körperhälfte zu Folge hatte. Die Sprache war ganz aufgehoben und in seinem ganzen Verhalten zeigte sich eine grosse geistige Verwirrung. Er liess alles unter sich gehen und konnte nur mit Mühe ruhig gehalten werden. Der Wärter, welcher ihn allein zu besorgen hatte, war oft kaum im Stande, seiner Handlungen Herr zu werden.

Als die Hauptsymptome der Apoplexie geschwunden waren, als auch der rechte Arm und das rechte Bein wieder beweglich, wenn auch noch nicht ganz frei geworden waren, blieb die Aphasie übrig, die sich nur sehr langsam besserte. Der Hausarzt hielt die Erkrankung für eine Embolie und leitete auch die Aphasie von der Verstopfung der Art. foss. Sylvii her. In psychischer Hinsicht zeigte sich ein gewisser Grad melancholischer Verstimmung, dann ferner als Hauptsymptom eine Abnahme der geistigen Klarheit, ein Zustand, der man am Besten als „Verwirrung" bezeichnet.

Als die Sache nicht rascher vorwärts gehen wollte, wurde der Patient mir zur Behandlung übergeben. Nach der Entstehung und dem ganzen Verlauf der Krankheit konnte ich dieselbe nicht für eine Embolie halten, sondern für eine syphilitische Gehirnerkrankung, indem ich annahm, dass an der Fossa Sylvii sinistr. eine syphilitische Entzündung der Hirnoberfläche bestehe, oder dass an der betreffenden Stelle ein Syphilom sich gebildet habe.

Es wurde desshalb sofort das Jodkalium angewendet und täglich 4 Gramm verabreicht. Der Erfolg war überraschend, aber ganz wollte die Aphasie und die Verwirrung des Urtheils über die allgemeine Lage der Geschäfte nicht schwinden, sie sowohl wie eine gewisse gedrückte Stimmung blieben noch bestehen.

Es war aber doch schon eine solche Besserung eingetreten, dass Patient einen Theil seiner Geschäfte aus der Ferne wieder aufnehmen konnte.

Da die Erfolge der Jod-Behandlung meine Ansicht bestätigten, wurde die Sublimatcur nach Dzondi angewendet, die in der kurzen Zeit von fünf Wochen alle Symptome der Sprachstörung und der Melancholie beseitigte und auch sein Urtheil wieder ganz frei erscheinen liess. Auch das Gedächtniss zeigte sich ganz intact. Herr M. N. zeigte wieder den alten Humor und hielt es desshalb bei seiner Entlassung für überflüssig, die ihm gegebenen Curvorschriften weiter zu befolgen, besonders da er über die durch den Sublimat herbeigeführten Erkrankungen im Munde etwas ärgerlich geworden war.

Nach anderthalb Jahren schrieb er mir noch einmal und klagte über Nichts mehr von seiner früheren Krankheit, dagegen war ihm ein ganz neues Symptom, ein heftiger Stirnkopfschmerz, sehr lästig. Ich rieth ihm sofort wieder zu mediciniren und verordnete ihm Jodkalium zweimal täglich zu 2 Gramm. — Er wollte aber Nichts davon wissen und liess die Arznei gar nicht machen. Einige Tage nachher bekam er eine zweite Apoplexie mit Lähmung der linken Seite, von der er sich aber nicht erholte, der er vielmehr nach etwa zehn Tagen erlag, ohne wieder zum Bewusstsein gekommen zu sein. Eine Section wurde leider nicht gemacht.

Daran reihe ich einen Fall, wo ein epileptischer Anfall das zweite Stadium eingeführt, nach dessen Aufhören ein mehrwöchentlicher Sopor zurückblieb, der aber später in vollständige Genesung überging.

VI.

Luëtische Psychose, wo das zweite Stadium durch Epilepsie eingeführt wurde.

K. W. 26 Jahre alt, Premier-Lieutenant der Infanterie, consultirte mich im Sommer 1868 wegen einer sehr lebhaften Verstimmung des Gemüthes mit heftigen Kopfschmerzen, die mitunter den Grad der Unerträglichkeit erreichten und in dem Kranken schon wiederholt den Entschluss hervorgerufen hatten, sich zu erschiessen.

Die Beschaffenheit der Schädeloberfläche, das Vorhandensein von Geschwüren im Halse liessen die Diagnose luëtische Psychose sofort feststellen, welche durch die Kopfschmerzen, die besonders während der Nacht den höchsten Grad erreichten, vollständig zur Gewissheit wurde. Ich erklärte das dem Patienten, doch er behauptete, nie in dieser Richtung krank gewesen zu sein und wollte daher von dieser Diagnose nichts wissen, ging auch auf meine Curvorschläge nicht ein.

Darauf hörte ich mehrere Monate nichts mehr von dem Kranken und nur durch einen Zufall geschah es, dass ich später bei seiner Behandlung wieder zugezogen wurde. Ich fand da aber ein ganz verändertes Bild und erfuhr nun von dem behandelnden Arzte, dass er eines Tages einen epileptischen Anfall gehabt habe, nach dessen Aufhören, ein halb soporöser Zustand, ein hoher Grad geistiger Verwirrung bei ihm zurückgeblieben sei, so dass er nicht einmal seine eigenen Kameraden wiedererkannte. Selbst sein Bursche, der in seiner gesunden Zeit doch tagtäglich um ihn war, ist ihm so fremd geworden, dass er nicht einmal seinen Namen nennen konnte.

Als Grund des epileptischen Anfalls wurde angegeben, dass der Patient am Tage vor demselben in einer lustigen Gesellschaft von Kameraden etwas zu viel getrunken habe, dass er auf dem Heimweg wahrscheinlich auch noch gestürzt sei, wenigstens habe der Zustand seiner Uniform deutlich für eine solche Vermuthung gesprochen.

Weiter war über die Anamnese Nichts bekannt. Der behandelnde Arzt hatte daher keinen Anhaltspunkt für die Therapie und genügte den grade vorliegenden Indicationen. Es wurde für warme Füsse gesorgt mit Senffussbädern, es wurde der Kopf kühl gehalten und der Leib offen, es wurde schliesslich, als alles dies nicht helfen wollte, ein Vesicator in den Nacken gelegt und mehrere Tage in Eiterung gehalten. Als aber auch dieses Mittel im Stiche liess, wurde von seinen Kameraden auf eine Consultation gedrungen und da wollte der Zufall, dass ich zugezogen wurde.

Der Patient hatte sich so sehr verändert in seinem ganzen körperlichen und geistigen Wesen, dass ich ihn auf den ersten Blick nicht wieder erkannte. Erst die genauere Feststellung seiner Personal - Verhältnisse brachte mir die Gewissheit, dass der Patient mich vor einem halben Jahre wegen der oben angegebenen Erscheinungen consultirt hatte.

Ich machte dem behandelnden Arzte nun über meine frühere Beobachtung die nöthigen Mittheilungen und so diagnosticirten wir ohne grosse Mühe das bis dahin unbekannte Leiden, als eine luëtische Gehirnaffection. Es wurde zunächst Jodkalium verordnet, das aber dem Kranken sehr schwer beizubringen war. Er schien eine nachtheilige Substanz in der Medizin zu vermuthen, denn jedesmal, wenn ihm die Arznei dargereicht wurde, machte er einen furchtbaren Lärm und opponirte, wie ein Verzweifelter. Das Jodkalium wurde in einer Dosis von 4 Gramm pro dië einen Monat lang fortgesetzt, hatte aber eigentlich nur einen höchst unbedeutenden Erfolg. Ich schrieb das darauf, dass wahrscheinlich beim Einnehmen durch das Widerstreben des Kranken viel von der Arznei verschüttet und nicht in den Magen desselben gekommen sei, liess mich also desshalb in der Diagnose nicht irre machen. Es wurde nun zu dem Quecksilber übergegangen und zwar, um von dem Willen des Kranken ganz unabhängig zu sein, die Schmiercur angewendet. Schon nach fünf Einreibungen überraschte der Kranke seine Umgebung damit, dass er eine Person bei Namen nannte, die er bis dahin nie hatte kennen wollen. Nachdem ihm 20 Einreibungen gemacht worden waren, zeigte er schon so viel Verständniss, dass er die frühere Arznei nicht mehr für Gift ansah, sondern sie ohne Widerstreben zu nehmen versprach. Es wurde ihm daher noch Jodkalium innerlich verordnet und zwar zu 2 Gramm pro dië. Jetzt ging seine Genesung mit Riesenschritten voran und nach einer dreimonatlichen Behandlung hatte ich die Freude ihn vollständig hergestellt zu sehen. Er erzählte nun, dass er allerdings seine ganze Umgebung für feindliche Personen angesehen hätte, die ihn hätten umbringen wollen.

Zur Anamnese fügte er noch hinzu, dass in seiner Familie schon mehrere Fälle von Geisteskrankheit vorgekommen seien, — dass er früher nur einen Tripper gehabt habe, dass aber die Leistendrüsen angeschwollen und vereitert seien. Ueber die gegen diese Krankheit angewendeten Medicamente könne er keine Auskunft geben. Er sei körperlich und geistig gesund geblieben bis zum Sommer 1868, wo er melancholisch geworden und von heftigen Kopfschmerzen befallen worden sei.

Nach seiner vollständigen Genesung ging er zum Regimente zurück und wurde Adjutant. Er verheirathete sich später und zeugte mehrere Kinder, die gesund geblieben sein sollen. Er machte den französischen Krieg mit ohne die geringste Störung seines körperlichen und geistigen Befinden. Als sein Regiment aus Frankreich zurückkehrte, besuchte er mich und erklärte mir, dass er seine alte Heiterkeit vollständig wieder erlangt habe, und dass er von der Syphilis weder körperlich noch geistig je wieder behelligt worden sei.

Später erfuhr ich, dass er einige Jahre nach dem Kriege wieder in Melancholie verfallen sei, und sich in dieser Verstimmung erschossen habe. Soweit ich die Sache erforschen konnte, sollen Symptome der Syphilis nicht wieder hervorgetreten sein.'

Endlich reihe ich nun noch einen Fall von rauschartiger Verwirrung mit Convulsionen an, der nach einer mehrmonatlichen gründlichen Cur in Genesung überging, wo aber in einem bald eintretenden Recidiv der Tod erfolgte.

VII.

Luëtische Psychose, wo das zweite Stadium durch Convulsionen eingeführt wurde.

K. T., 35 Jahre alt, Gerichtsbeamter, trat im Jahre 1863 in meine Anstalt wegen hochgradiger geistiger Verwirrung. Aus der Anamnese hebe ich Folgendes hervor:

Der 70jährige Vater erfreut sich einer guten Gesundheit. Ein Bruder desselben starb an Apoplexie. — Die 61jährige Mutter ist körperlich und geistig wohl. — Von drei Kindern ist Patient das jüngste. In der Kindheit und Jugend ging die körperliche und geistige Entwickelung normal von Statten. — Nach Absolvirung des Gymnasinms ging er 1850 zur Universität. Eine syphilitische Infection wurde nachlässig behandelt nnd schon nach einem Jahre erschienen ulcera im Halse und starker Ausschlag an den Händen. — Er gebrauchte darauf Zittmann, die Schmiercnr nnd Jodkalium. — Trotzdem erschien im folgenden Jahre schon wieder ein Kopfansschlag. — Es wurde abermals die Schmiercnr (28 in.) bis znm Eintritt eincs starken Speichelflusses angewendet und zur Nachcur noch eine Wasserheilanstalt besucht. — Vollständig hergestellt, verheirathete er sich. Die beiden ersten Kinder kamen todt znr Welt.

Darauf kam ein Knabc, der am Leben blieb und zuletzt ein solcher, der bald starb. — Seine richterlichen Geschäfte besorgte er mit grosser Aufmerksamkcit und Ansdaner. Die erste Gemüthsverstimmung erfolgte im Jahre 1859, nach einer dreitägigen sehr schwierigen Gerichtssitzung. Er glaubte dabei einen Fehler gemacht zu haben, was ihn beständig quälte, so dass er fürchtete, seine Stelle zu verlieren.

1860 ging er wieder in eine Wasserheilanstalt. Trotzdem steigerte sich seine Angst
so sehr, dass er glaubte, wegen des Fehlers in den Acten würde er abgesetzt werden und sah schon die Gensdarmen, die ihn verhaften sollten. Ein von den Seinigen veranlasstes Schreiben des Gerichts-Directors, dass Nichts gegen ihn vorliege,
beruhigte ihn wieder sehr. Im Anfange des Jahres 1863 steigerte sich aber wieder
seine Angst. Er fürchtete sich immer noch vor den Gensdarmen, weshalb er wieder in die Kaltwasserheilanstalt geschickt wurde. Im Mai begann er eine Sublimatcur, der subcutan angewendet wurde ($1/8$ Gran). In Folge dessen trat eine erheb-
liche Besserung ein und verschwand zunächst seine Angst und seine Verstimmung
und besserte sich auch der Hautausschlag. Diese Besserung hielt an bis zur Hälfte
October, wo er wieder reizbarer wurde. Er zankte sich namentlich wegen Kleinig-
keiten mit seinen besten Bekannten. Am 27. October trat ein heftiger Krampfanfall mit Zucken der kalten Extremitäten ein. Die Sprache war erschwert. Er
bohrte den Kopf im Kissen herum, vorwiegend nach links. Er verlangte einen
Geistlichen, da er sterben müsse. Er schreit dabei so colossal, dass man ihn über
mehrere Häuser hinüber hören konnte, tritt und schlägt seine Umgebung. Nach
einer kleinen Unterbrechung wechselt er ab mit Pfeifen, Singen und Lachen, hatte
dabei Hallucinationen des Gesichts und behauptete, dass Alles brenne.

Nachdem diese mehrere Tage und Nächte dauernde Aufregung etwas zurückgetreten war, zeigte sich bei ihm eine grosse Verwirrung. Er wusste nicht einmal
anzugeben, wo er sich befand, konnte sogar den Ort nicht angeben, hatte kein
Verständniss für die Briefe, die er von den Seinigen erhielt. Er war nicht im
Stande, einzelne Zahlen zu addiren, er musste zum Essen genöthigt werden, behaup-
tete seine Eltern seien gestorben, ein Capital sei ihm gekündigt worden — will
Abends in ganz leichter Toilette trotz kalter Witterung abreisen, muss gewaltsam
zurückgehalten und durch mehrere Personen ausgekleidet werden, glaubt dass in den
Zimmerecken sich mehrere Personen befänden, um ihn zu ärgern. Gegen Ende des
Monats traten wieder andere Ideen hervor, er habe Nichts mehr an Vermögen und
Alles, was er besitze an Kleidung und Wäsche, würde verfaulen. Er liess öfter den
Urin in den Stiefel, in den Hut, wohl auch Stuhl und Urin in die Reisetasche oder
ins Bett, war sehr verworren in seinem ganzen Wesen, sah stumm und stier in die
Welt. Zwischendurch machte er plötzlich eine Attaque auf irgend eine in seiner
Umgebung befindliche Person. Dieser Angriffe erinnerte er sich später nicht. Mit-
ten in dieser Verwirrung kam auch wieder ein guter Tag, wo er ganz verständige
Briefe schrieb und man ihm Nichts anmerkte. Von einem um diese Zeit angekom-
menen Briefe glaubte er, dass er an allen vier Ecken brenne, dann war er wieder
mehrere Tage ruhig, bis er plötzlich wieder durch Hallucinationen des Gehöres (er
hör'e Musik) aufgeregt wurde. Er bellte auch des Nachts, lamentirte viel und behauptete, dass die Seinigen sich nicht um ihn bekümmern wollten. Er wurde Anfangs Januar des folgenden Jahres nochmals einer sorgfältigen Untersuchung unter-
zogen und die Cur in folgender Weise modifizirt:

Er bekam täglich ein warmes Bad, eine Inunction von 5 Gramm ungt. einer.
und täglich zweimal einen Gramm Jodkalium. Der Erfolg dieser Cur war sehr be-

friedigend. Es besserten sich allmählich alle Erscheinungen und am ersten September, also nach einer 8monatlichen Dauer dieser letzten Cur, wurde er vollständig gesund in seine Heimath entlassen, wo er im Stande war, seine richterlichen Functionen wieder zu übernehmen.

Am 19. September machte er eine Fusstour nach der zwei Stunden entfernten Eisenbahnstation bei drückender Sonnenhitze. Er blieb noch in einem erträglichen Zustande bis zum andern Abende, wo man eine Lähmung der linken Körperhälfte entdeckte. Der Zustand besserte sich noch einmal. Das Sensorium wurde freier und auch der linke Arm beweglicher. In der Nacht vom 28. auf den 29. September traten bei vollständigem Bewusstsein zwei heftige Krampfanfälle ein, die sich am folgenden Tage noch öfter wiederholten. Der Fuss blieb unbeweglich und es gesellte sich Lähmung der Blase und des Darms hinzu, so dass die Excremente unbewusst abgingen. Dazu kamen wassersüchtige Anschwellungen der unteren Extremitäten und ein ausgedehnter Decubitus auf den Glutäen der rechten Seite. Trotzdem trat noch einmal eine Besserung ein, aber die Kräfte sanken immermehr und am 13. December Abends erfolgte der Tod. Die Section wurde nicht gemacht.

*   *   *

Während die einfachen luëtischen Psychosen, welche ich im vorigen Abschnitt als erstes Stadium beschrieben habe, nur durch die syphilitische Erkrankungen extracranieller Organe auf dem Wege des Consenses oder des Reflexes bedingt sind, characterisirt sich das II. Stadium mit seinen Störungen *motorischer, sensibler und sensualer* Nerven dadurch, dass hier n u r intracranielle Organe constitutionell erkrankt sind, nämlich das *Gehirn* und seine *häutige*, sowie *knöcherne* Umhüllung.

Schon aus der Schilderung der Symptome während des Lebens geht hervor, dass sowohl ausgedehnte Parthien der Hirnoberfläche oder der Gehirnhäute erkrankt sein können — dass aber auch in andern Fällen einzelne abgegrenzte Stellen afficirt sein müssen; und zwar vorzugsweise solche, wo sich die Centren für bestimmte motorische oder intellectuell - motorische Thätigkeiten (Fossa Sylvii für die Sprache) befinden, ferner solche, wo Nervenwurzeln ihren Ursprung nehmen, endlich solche, wo Nervenstämme in besonders vertieften Bahnen oder Canälen verlaufen, oder durch foramina hindurchtreten, so dass sie durch Verengung dieser Durchgänge leicht in ihrer Thätigkeit behindert werden. — An allen diesen Stellen wird eine Erkrankung des Wurzelbodens oder eine Verengung in der Passage durch ein, wenn auch noch so kleines Exsudat eine Beeinträchtigung der Thätigkeit des betreffenden Nerven zur Folge haben müssen. —

Hieraus geht hervor, dass wir es in diesem Stadium hauptsächlich mit zweierlei Störungen zu thun haben und zwar zunächst mit *ausgedehnteren* — über eine ganze Hemisphäre verbreiteten meist entzündlichen Krankheitsprozessen, welche vorzugsweise die oben geschilderten stürmischen Symptome hervorrufen und dann ferner mit kleineren *abgegrenzten Localaffectionen*, mit solchen entzündlichen Processen, welche grade an der betreffenden Stelle durch Exsudatbildung, Erweichung oder Neubildung die Function behindert oder ganz aufgehoben haben.

Sehen wir uns nun etwas näher um nach den krankhaften Veränderungen, welche sich in dem Gehirn und seinen häutigen und knöchernen Umhüllungen ausgebildet haben, und welche die oben geschilderten Nervenstörungen hervorbringen, so sind es vor Allen *einfache Exsudate*, die sich in Folge der Entzündung verschiedener Häute bilden, und welche selbst — so namentlich die Hämatome bei der Entzündung der dura mater — einen Druck auf die unterliegenden Gehirnparthien ausüben, und so deren Thätigkeit stören oder auch aufheben — es sind ferner die durch Entzündung und Verdickung entstandenen Schwarten, welche an den Stellen, wo die Nerven auf ihrem verschiedenen Laufe durch die Gehirnhäute hinaustreten, einen Druck auf dieselben ausüben und so ihre Thätigkeit beeinträchtigen — dann sind es die Gummata oder Syphilome, welche von den Gehirnhäuten oder dem Subarachnoidalraume aus in das Gehirn hineinwachsen und an den betreffenden Stellen durch Druck nachtheilig wirken und endlich sind es die Entzündungen oder Erweichungen der Gehirnrinde, welche zur Verwachsung des Gehirns mit seinen Häuten führen und die Function der betreffenden Gehirnparthie aufheben.

Von einzelnen Schriftstellern (Engelstedt, Kussmaul, Zambaco und Steenberg) sind Fälle aufgeführt worden, welche die von mir eben aufgestellte Behauptung umzustossen scheinen, indem diese Forscher, trotzdem die Symptome im Leben auf tiefe Veränderungen im Gehirn hindeuteten, bei der Section — theilweise selbst mit Zuhülfenahme des Microscops gar keine Abnormitäten nachweisen konnten. Ich glaube nicht, dass durch derartige negative Resultate der Leichenuntersuchung der oben ausgesprochene Satz gefährdet ist, ich glaube vielmehr, dass diese negativen Resultate durch mangelhafte Untersuchungsmittel und Methoden herbeigeführt sind, die mit der fortschreitenden Verbesserung der Technik immer mehr in Wegfall kommen werden.

Ich will jetzt die einzelnen pathologisch-anatomischen Befunde specieller durchgehen.

A. An den *Gehirnhäuten* trifft man vorherrschend folgende Veränderungen:

a) *Exsudatbildungen.*

Die Häute sind entzündet und haben ein einfaches Exsudat gebildet. Am häufigsten wird beobachtet die Entzündung der Dura mater (Pachymeningitis), deren Exsudat mit stürmischen Erscheinungen auftreten und eine ganze Hemisphäre bedecken kann. Allmählich wird dasselbe resorbirt und es bleibt nur ein begrenzter Rest noch übrig, in dessen Inneres aber nun wieder von Neuem (zwischen die Lamellen) Blutungen erfolgen können. Auf diese Weise wird auf die unterliegende Gehirnparthie, nachdem die ersten stürmischen Symptome durch Resorption beseitigt sind, ein dauernder Druck unterhalten, der die Ursache von Lähmung einzelner Nervenparthien werden kann. —

b) *Schwartenbildungen.*

Sowohl das in der Rückbildung begriffene Hämatom — als
auch ganz besonders die übereinander liegenden in Entzündung über-
gehenden Gehirnhäute können durch Exsudatbildung und Verdickung
Veranlassung zur Schwartenbildung werden. Diese Schwarten üben
hauptsächlich an den Durchgangsstellen der Nervenstämme auf diese
einen Druck aus, wodurch unvollständige oder je nach der Grösse
der Schwarte auch ganz vollständige Aufhebung der Nervenfunctio-
nen bedingt wird.

c) Die *syphilitische Neubildung* oder das *Syphilom* oder *Gumma*
ist so ziemlich die häufigste und jedenfalls die am meisten characteristische Erscheinung der Syphilis. Sie ist **entweder** von *gallert-
artiger Consistenz*, verschieden gefärbt (blassroth, grauroth, graugelb)
— die sich in ihrer Form ganz derjenigen Stelle anpasst, wo sie
sich etablirt hat — die mehr abgegrenzt sein, aber auch den ganzen Raum zwischen Chiasma und medulla oblongata als sulzige Masse
ausfüllen kann — die beim Schneiden und Drücken einen röthlichen
Saft ausfliessen lässt, — **oder** von *knorpelartiger Consistenz*, ebenfalls
jede beliebige Form annimmt und sich ganz besonders danach richtet, wie die umgebenden Räume es gestatten. Die knorpelartigen
Syphilome sind wahrscheinlich aus den gallertartigen durch Resorption hervorgegangen. Das Syphilom sitzt an der Oberfläche und
wächst in die Gehirnsubstanz hinein, diese durch Druck oder Zerstörung functionsunfähig machend und zwar entweder von der *Dura
mater* oder von dem *Subarachnoidalraume* aus, aber in der über-
wiegend grösseren Mehrzahl der Fälle mit den Gehirnhäuten zusammenhängend. Im ersten Falle entwickelt sie sich zwischen den beiden Blättern der Dura mater — vorherrschend die feste (knorpel-
artige) Form — und kann sich bis zu der Grösse eines Ei's ausdehnen. — Kleinere Gummata trifft man an der Dura mater, soweit
sie das Keilbein überzieht. Wo die Gummata auch sitzen, immer

wirken sie raumverengend und die Dura mater zerrend. Viel nachtheiliger ist ihre Wirkung, wenn sie vom Subarachnoidalraum ausgehen — und hier sitzt die grössere Hälfte aller Gehirnsyphilome — weil sie da sämmtliche Nerven und Gefässe in ihrem Laufe stören, welche den Raum durchziehen. An der Convexität des Gehirns verwächst die Dura mit der archnoidea, der pia und dem Gehirne zu einer Masse, in deren Innerem dann das Syphilom sitzt — an der Basis füllt das Gumma den Zwischenraum um das Chiasma, den Trichter und die Hirnschenkel bis zum Pons, verliert dort oft die bestimmte Form und wird zur gallertartigen Infiltration der ganzen Basis.

Je nach dem Sitze der Entzündung sowohl, als auch der Neubildung sind die Erscheinungen des Krankheitsverlaufs verschieden. Wenn dieselben vorzugsweise an der Oberfläche der Hemisphären sich etablirt haben, so sind die *krampfhaften* Erscheinungen, besonders die Epilepsie viel häufiger, während wenn sie an der Basis existiren, die *Lähmungszustände* vorherrschen.

B. An dem *Gehirn* selbst werden vorzugsweise folgende Veränderungen gefunden:

    a) Die *Entzündung* oder *Erweichung*, welche zuerst von G r o s und L a n c e r a u x beschrieben wurde, und sich vorzugsweise an der Oberfläche der Hemisphären, an dem Corpus striatum, an den Sehhügeln, an der Wand der Ventrikel und endlich am kleinen Gehirne findet.

Die Farbe der erweichten Stelle ist allerdings vorherrschend *roth* und entspricht so der Annahme, dass ein entzündlicher Process zu Grunde liege, sie ist aber auch mitunter *gelb* in verschiedenen Nüancirungen (grün und graugelb, weinhefenfarbig und auch zuweilen ganz *weiss*). Bezüglich der Consistenz der erweichten Stellen

herrscht auch eine grosse Differenz in den Angaben der verschiedenen Schriftsteller. Der eine bezeichnet dieselbe als einfach *weich*,
ohne sie näher zu präcisiren, der andere benennt sie „*zerfliessend
weich*," wie Rahm — und wieder ein anderer als „*weich-matschig*." —
In anderen Fällen ist auch angegeben, dass zwischen den weichen
Massen, speckartige härtere Stellen inselartig dazwischen liegen —
eine anderweitige Beschreibung gibt noch an, dass die erweichte
Gehirnmasse ausgeflossen sei und kleine oder grössere Ventrikel
oder Höhlen zurückgelassen habe.

C. An den Schädelknochen trifft man vorzugsweise folgende
Veränderungen,

a) Zunächst kommt die *Entzündung des Periosts* vor, (Perios-
titis syphilitica) welche ein gallertartiges Exsudat zwischen
Knochen und Periost ablagert, das entweder zur Resorption
kommt oder in Eiter etc. umgewandelt wird — oder endlich
durch Ablagerung von Kalkverbindungen verknöchert. Es
bildet sich aber selten eine kräftige Knochenmasse sondern
jene dem Bimstein (lapis tophaceus) ähnliche Masse, welcher
man daher auch den Namen Tophus beigelegt hat.

Auch Syphilome (Gummata) können sich in den Exsudaten
bilden. — Die Exsudate können sich an einzelnen Oeffnungen
des Schädels, die als Durchgangsstellen für die Nerven dienen, in grösserer Menge ablagern, besonders am Keilbein etc.
und dadurch die Function der passirenden Nerven beeinträchtigen und ganz aufheben.

b) In zweiter Reihe ist die *Entzündung des Knochens* (Ostitis
syphilitica) zu erwähnen, welche von der Diplöe ausgeht und
die Markräume mit dem gallertartigen Exsudate ausfüllt.
Dieses Exsudat wird allmählig in osteoides Gewebe und spä-

ter in wirkliche Knochenmasse umgewandelt, wobei der Knochen compacter und schwerer wird (Hyperostose, Ebornose)
oder aber resorbirt, wobei der Knochen poröser und leichter
wird (Osteoporose), — oder es geht endlich in Vereiterung
resp. Verjauchung (Caries profunda) über. Die Ansichten
darüber ob sich in diesem Exsudate auch Gummata bilden
können, sind noch sehr getheilt. Virchow hat sich übrigens
für diese Möglichkeit ausgesprochen und hat einen solchen von
Dr. Ditterich beschriebenen Fall als „osteomyelitis gum-
mosa" diagnosticirt.

Diese Erkrankungen des Craniums sind so häufig, dass bis
zum Ende der Vierziger Jahre, wo Knorre zuerst die Erkrankung des Gehirns und seiner Häute nachwies, die Erkrankungen des Schädels vorherrschend als Ursache der bei
Syphilitischen vorkommenden Lähmungen angesehen wurden.

C.

Das dritte *Stadium*, welches die unter dem Bilde der fortschreitenden allgemeinen Parese (Paralysie générale progressive)
verlaufenden luëtischen Psychosen umfasst, kann sich in allgemeiner
Weiterentwicklung der einzelnen Symptome aus dem ersten und
zweiten Stadium, wie ich eben geschildert habe, herausbilden.

Es kann aber auch das erste Stadium ganz ausfallen, so dass
die Krankheit mit dem zweiten Stadium beginnt, wie ich dies im
vorigen Abschnitt schon dargethan habe — und dieses dann direct
ins dritte übergeht.

Dann kann aber auch das zweite Stadium ganz in Wegfall
kommen und das erste Stadium direct ins dritte übergehen. —

Es kann endlich auch das dritte Stadium ohne erstes und
zweites sich entwickeln — in solchen Fällen ist dann gewöhnlich
ein Vorbote auf somatischem Gebiete, gleichsam als Vertreter der
beiden ersten Stadien der Psychose, zu constatiren. Ein längerer
stärkerer *Schwindel*, ein heftiger *Krampfanfall* oder auch eine *Apoplexie*
sind in diesen Fällen die häufigsten Vertreter. —

Gewöhnlich wird der Eintritt des dritten Stadiums durch einige stürmische Erscheinungen eingeführt, die sowohl auf psychischer als auch auf somatischer Seite hervortreten können, gerade wie ich es bei dem zweiten Stadium ausführlich auseinandergesetzt habe. —

In der Mehrzahl der Fälle sind es heftige *Tobsuchts-Ausbrüche* mit furchtbarer Aufregung, sehr gesteigerter Muskelaction, mit Selbstüberschätzung, colossalem *Grössenwahn*, mit darauf bezüglichen Hallucinationen der verschiedenen Sinnesorgane und einer fast unbesiegbaren Schlaflosigkeit. — Diese Anfälle von *Tobsucht* sowohl, wie die von *Grössenwahn* können viele Monate, sogar Jahre lang dauern, bis das dritte Stadium sich daraus entwickelt und dann in ruhigem Geleise verläuft.

Es kann aber auch mit heftigen *Angstanfällen* eingeleitet werden, die durch Hyperaesthesie sowohl wie durch Anaesthesie (und die daraus hervorgehende Wahnidee von Fehlen oder Schwinden einzelner Glieder und Eingeweide) sehr gesteigert werden können, so dass der Kranke durch seine Verzweiflung und Noth, ebenso sehr in Aufregung versetzt werden kann, wie ich es eben bei den Tobsuchtsanfällen gezeigt habe. Auch hier verschlimmert die Schlaflosigkeit den ganzen Zustand und macht es dem Kranken viel schwerer möglich, seine Lage zu ertragen.

Aber auch hier kann das Delirium oder der oben geschilderte soporöse, *rauschartige* Zustand die Einleitung zum dritten Stadium abgeben. Ich habe eben angedeutet, dass beim Wegfall des ersten und zweiten Stadiums psychischer Störung, gleichsam als Vertreter desselben, eine somatische Störung eintreten kann. — Es kann aber auch bei ganz normalem Verlauf und deutlich ausgebildetem ersten und zweiten Stadium das dritte Stadium durch stürmische Erscheinungen auf rein somatischem Gebiete eingeführt werden.

Während also die psychische Entwickelung des Leidens durch beide Stadien ganz in der oben geschilderten Weise vor sich gegangen ist, tritt plötzlich entweder ein heftiger *Krampfanfall* (Epilepsie) ein, oder eine auf ein grösseres Nervengebiet, selbst über eine ganze Körperhälfte ausgedehnte *Lähmung* (Aphasie — oder Hemiplegie) — oder aber ein starker *Schwindel* und damit ist der Eintritt des dritten Stadiums deutlich ausgesprochen, das sich dann in ungestörter Weise weiter entwickelt.

Das dritte Stadium characterisirt sich, die Symptome in einzelnen Gebieten mögen sonst noch so sehr divergiren — durch eine allmählige „*Abnahme der Intelligenz* und des *Gedächtnisses*" besonders für die Eindrücke der jüngsten Vergangenheit — es complicirt sich gewöhnlich mit einer allmählich fortschreitenden Parese der *motorischen* und *sensiblen* Nerven.

Die Abnahme der Intelligenz ist leichter beschrieben als in dem concreten Falle richtig beurtheilt und erkannt, wie ich mich wiederholt bei gerichtsärztlichen Untersuchungen überzeugt habe. Ein solcher Kranker, besonders wenn er dem gebildeten Stande angehört, kann schon Jahre lang allmählich einen kleinen Verlust seiner Intelligenz erlitten haben, ohne dass irgend Jemand aus dem Publikum diese Abnahme der Intelligenz deutlich und klar erkennt. Eine zunehmende Schwäche ist um so schwieriger zu erkennen, weil sie durch gewisse Formalitäten im Umgang, in der Redeweise etc. verborgen werden hann. Je mehr bestimmte Formen im mündlichen oder schriftlichem Verkehr eingehalten werden müssen, um so länger kann der darin langjährig Geübte die Umgebung über den Stand seiner Intelligenz täuschen. — So habe ich gesehen, dass Beamte noch gehörig im Stande waren, ihre gewöhnlichen 'Berichte an ihre Vorgesetzten, dass Officiere ihre Rapporte noch regelrecht anfertigten, während sie nicht mehr die Fähigkeit besassen, den Inhalt einer eben gehörten kurzen Erzählung anzugeben, oder einen einfachen Artikel oder kurzen Aufsatz über ein dem Patienten bis dahin frem-des Thema zu schreiben, aber doch noch im Dienste blieben.

Auffallend ist es, wie verschieden die Patienten darin sind, über ihren eigenen Geisteszustand ein richtiges Urtheil zu fällen. — Der eine Patient merkt es sehr gut, dass sein Verstand abnimmt, er zieht sich desshalb, um keinen Verstoss zu machen, um nicht durch sein albernes Urtheil aufzufallen, von der Gesellschaft ganz zurück — der andere hat gar keinen Begriff davon, dass sein Urtheil schwächer geworden sein soll, er merkt es nicht einmal, wenn er auch darauf aufmerksam gemacht wird — er fühlt aber eine grös-sere Leere in seiner geistigen Beschäftigung, und sucht deshalb Un-terhaltung, wesshalb er sich in Gesellschaft drängt und sogar gern das grosse Wort führt, unbekümmert darum, ob hier oder da über ihn gelacht wird, und ob er wegen seiner geistlosen Geschwätze hier und da auch wohl geneckt wird.

Das abstracte Denken wird am ersten gestört. Ich mache hier ganz besonders auf die Schwierigkeit, die beginnende und all-mählig zunehmende — Intelligenz-Schwäche zu erkennen, aufmerk-sam, weil in gerichtlichen Fällen daraus mitunter grosse Gefahren entstehen.

Die *Abnahme des Gedächtnisses* richtig zu erkennen, macht lange nicht so viele Schwierigkeiten. Wie schon oben angedeutet wurde macht sich die Gedächtnissschwäche namentlich bei Eindrücken der jüngsten Vergangenheit bemerklich, während Eindrücke früherer Zeit sehr fest sitzen und ich möchte sagen, um so fester, aus je früherer Zeit sie herrühren. Eine fernere Eigenthümlichkeit dieser Gedächtnissabnahme, besteht darin, dass alle Eigennamen am leich-testen vergessen werden, und dass sich der Kranke bei Reproduction der Ereignisse selbst lange nicht so sehr anzustrengen braucht, als bei Reproduction der in Betracht kommenden Eigennamen. — Weiter ist bei dieser Gedächtnissabnahme noch hervorzuheben, dass sich der Kranke so sehr leicht in den Terrain- und Localverhältnissen irrt, und die Anhaltspunkte vergisst, die ihm als Wegweiser dienen können. Kommt er in eine fremde Stadt, so dauert es sehr lange, bis er des Weges gehörig kundig wird, er verirrt sich in der ersten Zeit fast immer; ebenso ergeht es ihm in einem fremden Hause, wo er selten gleich am ersten Tage das richtige Zimmer wieder findet, wo er vielmehr zu wiederholten Malen in fremde Zimmer läuft, sogar die übereinander liegenden Corridors verwechselt, ehe er sich zurecht findet.

Die Orientirung wird für ihn noch viel schwieriger in halb oder gar nicht erleuchteten Corridors oder Strassen. — Ferner kommt es bei diesen Kranken sehr gewöhnlich vor, dass sie diejenigen Gegenstände, welche sie gewöhnlich bei sich tragen ganz vergessen und stehen oder liegen lassen, z. B. Stöcke oder Regenschirme, Ueberschuhe, Handschuhe, Taschentücher, Cigarren-Etuis etc. — ferner, dass sie vergessen an bestimmten, ihnen vorher bezeichneten Stellen etwas abzugeben. So tragen sie Briefe, die sie an bestimmten Häusern abgeben oder in einen Briefkasten werfen sollen, tagelang mit sich herum, oder vergessen es auch, das von ihnen Jahrzehnte lang bezahlte Brücken- oder Chausseegeld zu entrichten. Es wird das gewöhnlich für Zerstreutheit angesprochen, aber es ist viel richtiger diese Vorkommnisse, die in einzelnen Fällen fast täglich, mitunter sogar täglich mehrmals vorkommen, als Schwäche des Gedächtnisses aufzufassen.

Auffallend ist auch noch, dass solche Kranke so leicht die Physiognomieen wieder vergessen und Personen, die ihnen eben erst vorgestellt worden sind, schon im nächsten Augenblicke nicht wieder erkennen. — Auch vergessen sie gar leicht, was sie eben verrichtet haben. So kommt es oft vor, dass sie eben gegessen haben, aber sofort wieder Nahrung fordern, weil es ihm entschwindet, dass sie

5

eben Nahrung genommen haben, wobei dann noch die Abnahme der Sensibilität und besonders das schwindende Sättigungsgefühle in Betracht kommen.

Diese eben geschilderten characteristischen Hauptsymptome des dritten Stadiums — *„die Abnahme des Gedächtnisses und der Intelligenz"* — bleiben übrigens nur in den allerwenigsten Fällen isolirt für sich bestehen, sondern es treten verschiedene andere Erscheinungen hinzu, welche das Krankheitsbild mitunter verwirren können. Es sind das entweder zufällige Complicationen, die vielleicht auch mit der constitutionellen Luës in Beziehung stehen können, oder es sind Combinationen, die aus einer falschen Aneinanderreihung der einzelnen Stadien oder der einzelnen Symptome sich bilden können. Auf diese Weise ist, um nur eins anzuführen, der Irrthum in einzelne Abhandlungen gerathen, dass das zweite Stadium durch Abnahme der Intelligenz und des Gedächtnisses characterisirt sei, während dies doch die characteristischen Symptome des dritten Stadiums sind.

Es kommen aber Fälle vor, wo während des sonst deutlich ausgebildeten zweiten Stadiums besonders bei raschem Verlaufe schon Erscheinungen des dritten Stadiums (Schwäche der Intelligenz und des Gedächtnisses) hervortreten. — Es kommen ferner Fälle vor, wo die Aufregungsperiode besonders der Grössenwahn aus den früheren selbst aus dem ersten Stadium übrig bleiben und selbst im dritten Stadium noch ganz wilde Paroxysmen auftreten, die aber streng genommen zu diesem Stadium gar keine Beziehung mehr haben. — Ebenso kommen noch verspätete Krämpfe, Neuralgien etc. im dritten Stadium vor, die eigentlich mit dem dritten Stadium nichts mehr zu schaffen haben. Eine weitere Möglichkeit, wie sich das Krankheitsbild ganz häufig verwirrt, entsteht durch das stete Fortschreiten des Prozesses. — Während die Symptome des dritten Stadiums sich schon bedeutend und in grösserem Umfange in einer Hemisphäre ausgebildet haben — schreitet die Krankheit auch auf die andere Hemisphäre fort (cfr. Krankheitsgesthichte Nro. V.) und hier entwickelt sich das zweite Stadium in allen seinen characteristischen Symptomen noch einmal. Der eine Kranke macht dann die wesentlichen Symptome zweier verschiedener Stadien durch und es ist nicht so leicht, die zusammen erscheinenden Symptome so von einander zu trennen resp. so zusammen zu gruppiren, wie sie zusammen gehören, so dass man im Stande ist, die einzelnen Stadien gehörig abzutheilen.

Auf diese Weise entstehen allerlei Mischformen, die man erst ihrer überflüssigen Toilette entkleiden muss, ehe man im Stande ist, sie richtig zu beurtheilen.

Ich könnte die Beschreibung des dritten Stadiums noch viel weiter ausdehnen, ich will mich aber auf das Folgende beschränken, da man dasjenige, was hier noch fehlen sollte, aus den nachfolgen-Krankheitsgeschichten ergänzen kann.

Nachdem die acuten psychischen Erscheinungen bald mit stärkerem Hervortreten der Aufregung, wobei jedesmal auch neue Ausbrüche der somatischen syphilitischen Erkrankung hervortreten können, sei es in den Knochen oder in den verschiedenen Schleimhäuten — bald mit stärkerem Zurücktreten der Erregungszustände, das so bedeutend werden kann, dass man den Kranken wirklich der Genesung nahe erachten könnte und man mitunter in dieser Hinsicht Gefahr läuft, bedeutende prognostische Fehler zu begehen — tritt allmählich körperliche Schwäche ein, die so bedeutend werden kann, dass man an das bald herannahende Ende denkt. Der Kranke kommt oft so herunter, dass er nicht mehr das Bett verlassen kann, er ist nicht mehr im Stande, zu stehen oder zu gehen, dabei entwickelt sich noch Decubitus, weitaufsteigendes Oedem — ohne die geringste Erhöhung der Temperatur. Die Zunge wird immer schwerfälliger und die Sprache immer undeutlicher. — Daran reihen sich dann die wirklichen Lähmungen mit oder ohne Bewusstseinstörungen, Hemi-

plegie, sowohl wie Paraplegie. Sie haben anfangs die characteristischen Symptome, dass sie eben so rasch wieder verschwinden, wie
sie aufgetreten sind, dann aber wieder an einer andern Stelle erscheinen, um ebenso rasch wieder dort zu verschwinden. So erlahmt
plötzlich bei einer stärkeren Anstrengung ein Arm, wird aber den
andern Tag wieder brauchbar, und am dritten Tage erlahmt auf
dieselbe Weise ein Bein, das aber nach einigen Stunden schon wieder zu gebrauchen ist, und am folgenden Tage ist dieselbe Affaire
mit der Sprache. — Solche vorübergehende Lähmungen können aber
auch länger, selbst mehrere Tage dauern und verursachen dann die
grössten Fatalitäten, wenn sie die Schlingwerkzeuge befallen. Der
Kranke kommt durch die mehrtägige Nahrungsentbehrung dann so
herunter, dass er wirklich zu Grunde geht, wenn man nicht energische Mittel anwendet, um den Folgen der Lähmungen antgegen-
zutreten, wo sich die künstliche Ernährung am Besten bewährt.
Bringt man den Kranken soweit durch, dass er dieses Stadium glücklich übersteht, so gleicht sich die Lähmung oft schon wieder von
selbst aus. Die reichliche Darreichung eines guten Weins ist in
solchen Fällen eines der sichersten Mittel, den Kranken rasch wieder auf die Beine zu bringen.

Die Körperschwäche wird zusehends immer bedeutender, die
Kranken können nicht mehr allein im Zimmer umher gehen, ganz
sicher wenigstens nicht mehr Treppen auf- und abgehen, bei den
allermeisten Bewegungen z. B. dem Treppensteigen, dem Ausstrecken
der Zunge, beim Schreiben etc. zeigt sich eine allmählig zunehmende Lähmung.

Zwischendurch entwickelt sich eine ziemlich constant bleibende
Pupillendifferenz, dann tritt hinzu eine allmählich zunehmende Störung der Sensibilität, so dass Gefühlseindrücke immer schwächer
empfunden werden. — Der Kranke lässt die Speisereste am Munde,
den Nasenschleim, den Speichel, die Krusten der Augenlider auf

seiner Haut haften, ohne dieselben zu merken — er wird nicht einmal durch Fliegen, die im Gesicht sitzen, incommodirt — und ist bei der Berührung heisser Gegenstände — Oefen, Lichter, — so gefühllos, dass er sich eher verbrennt, sogar in grosser Ausdehnung — ehe er den Schmerz empfindet. —

Die Störungen in der Entleerung der Blase und des Darms werden immer häufiger, schliesslich entwickeln sich Entzündungen in diesen Organen, in Folge von Ansammlung des Urins oder der Faeces, es können aber auch allerlei Störungen durch Lähmung der Sphinctern eintreten. Plötzlich erscheinen aber auch ganz kurze, zuweilen wohl auch länger dauernde Fortschritte zum Guten, so dass man auf Grund dieser Besserung sich wieder bestimmten Hoffnungen hingibt. Alle diese mancherlei Wechsel des Verlaufs sind am Besten aus der achten Krankheitsgeschichte zu ersehen, so dass ich hier darüber hinweggehen kann.

Schliesslich kommt dann eine Hypostase der Lunge oder ein rapide wachsender Decubitus mit hochgehender Temperatur (über 40°) oder ein Lungenoedem oder langdauernde heftige Convulsionen und befreien nach monatelangen, mitunter Jahre langen Qualen den Kranken von seinen Leiden.

An dieser Stelle werde ich eine Krankheitsgeschichte mittheilen, die allerdings etwas ausführlich ist, aber dadurch auch ein um so grösseres Interesse darbietet, weil sie von Anfang bis zu Ende, durch mehrere Stadien hindurch, von denselben Aerzten aufgezeichnet worden ist. — Da das erste Stadium in Genesung überging, so erschien mir dieser Fall ganz besonders instructiv und ich habe desshalb gerade für das erste Stadium nicht einen besonderen Fall gewählt, obgleich die Fälle die mit Grössenwahn beginnen, sehr zahlreich mir zu Gebote stehen. — Die Krankheitsgeschichte ist auch noch dadurch besonders lehrreich, dass sie die Aneinanderreihung der einzelnen Stadien recht anschaulich macht. —

VIII.

(Erste Aufnahme.)

B. N., 35 Jahre alt, Kaufmann aus P o l e n wurde im August 1872 meiner Anstalt wegen Geistesstörung übergeben. Aus der Anamnese und den Ergebnissen der Untersuchung bemerkte ich Folgendes:

Keine Erblichkeit von väterlicher Seite. Eine Schwester der Mutter hatte Krämpfe, eine andere Psychose. — Die körperliche und geistige Entwickelung des Patienten ging normal von Statten. Er wurde früh selbstständig, prosperirte in seinem Geschäft. — Im 30. Jahre Infection; Schmiercur. — In den letzten 4 Wochen vor der Aufnahme viele Excesse in Baccho und Venere — badete viel und warm; auch Dampfbäder. In den letzten 3 Wochen deutliche Symptome von Psychose. Er disponirte schlecht, kaufte viel unsinniges Zeug (Pferde, Wagen, Häuser). Ueberschätzung seines Vermögens, seiner Leistungen, seiner Person. Hier in der Anstalt zeigte er sich gutmüthig, opponirte nicht, ging auf Alles ein, plauderte mit Jedem und offenbarte seine Geheimnisse, 1000 Wünsche und 1000 Projecte, war doch leicht abzulenken, er besuchte rücksichtslos andere Zimmer, — was er sah, wollte er kaufen: -- Der Schlaf war vermindert. —

Stat. praesens: Gewicht 133 Pfd. — Atrophische verhärtete Leber, gelbe Gesichtsfarbe und Sclera — Inguinaldrüsen geschwollen — Magencatarrh. Es wurde also Lues der Leber diagnosticirt, und von da die Psychose abgeleitet. —

Trotz des bestehenden Magencatarrhs wurde ihm Kali hydrojod gereicht mit viel Wasser und ausserdem Inf. rad. calami. Er beruhigte sich schon im ersten Monat sehr bedeutend — er lief bei Spaziergängen in alle Häuser, um Geschäfte zu machen — massenhafte Depeschen — gab Abends colossale Gewinne an, die er im Laufe des Tages gemacht habe.

Im Monat *September* zeigte er mitunter eine gewisse Ermattung im Gespräch, ermüdete leicht, erzählte gerne zotige Anecdoten. — Ende des Monats hatte die Ruhe noch zugenommen. Gewicht stieg auf 136 Pfd. Der Geist zeigte sich viel klarer. —

Im Monat *October* ist angemerkt, dass seine Handschrift deutlicher und fester war — machte allen Personen, die er kennen gelernt, Geschenke und Versprechungen. Stimmung eher etwas deprimirt — 138 Pfd.

Im Monat *November* fiel besonders auf, dass er sich in den Wegen besser orientiren konnte — verwechselte leicht ihm ganz bekannte Personen, leichte Ermüdung und blasses Aussehen. Er wurde am 11. November in die freie Abtheilung für Nerven-Kranke versetzt, wo er sich sehr behaglich fühlte und grosse Parthien in der Umgegend machte. Unter dem Fortgebrauch des Jodkalium wurde sein Geisteszustand immer besser, so dass er Ende November von den Angehörigen als geheilt angesehen wurde und desshalb entlassen werden musste.

Zu Hause nahm er das Jodkalium fort — besorgte seine Geschäfte sehr gut, besonders waren seine Dispositionen sehr verständig. In Venere leistete er viel, ohne sich jedoch wieder zu inficiren. Mit seinem Associé vertrug er sich sehr gut. —

Zweite Aufnahme. (1874. Januar.)

Am 31. Januar 1874, also nach 15 Monaten musste der Patient zum zweiten male aufgenommen werden. Er hatte sich bis vor 14 Tagen sehr gut gehalten, hatte dann aber eine kränkende Zurechtweisung zu ertragen und litt ausserdem an Magencatarrh — Schlaflosigkeit. — Die Aufregung und die Grössenideen stiegen sehr schnell. Er bildete sich ein, alle Kaltwasser- und Irrenanstalten am Rhein gekauft zu haben, und wollte die meinige auch noch kaufen. — Die Aufregung und wilde Ideenflucht stiegen von Tag zu Tag. Von der Reise aus telegraphirte er, ob er meine Anstalt auch bekommen könne. — Auf meine bejahende Antwort war er rasch da — balgte sich auf der ganzen Tour überall mit Schaffnern und Kutschern. — Die Untersuchung ergab Nichts Neues. Gewicht 122 Pfd.

1874. *Februar.* Verdient täglich Millionen, macht beständig Geschäftsprojecte, mitunter ganz toller Art. Verunreinigt seine Kleider (4) — Heiser durch all sein Schwätzen — hat 500 Buchhalter, jeden mit 4—5000 Thlr. Gehalt, hat eine grosse Wasseranstalt auf Actien gegründet mit 100 Aerzten (8). Er ist unklar, wo er sich befindet, beschäftigt sich viel mit seinen Excrementen (12) hat die Wiener Weltausstellung gekauft und daran 200 Millionen verdient (13) schüttet den Kohlenkasten ins Bett. (16) Pupill n gleich verengt — beschmiert sein Zimmer mit Koth, singt und spricht Nachts viel, prahlt mit seinen Kräften, verschenkt Millionen (18) verliert durch seine Cur hier täglich eine Million (19) zerreist das Bettzeug und wirft es weg, ein Gedanke jagt den andern (28), singt und schreit zusammenhanglos, kann einzelne Worte nicht finden, (29) — heiterste Stimmung, singt und pfeift. Gewicht 128 Pfd.

1874. März. Verdient und verschenkt täglich Millionen — spricht 50 Sprachen. Er befriedigt 20 Frauen, zwingt 100 Menschen, zerreist viel Bett- und Kleidungsstücke — rechte Pupille grösser — rechter Mundwinkel höher, Zunge nach Rechts. — Die Kranken um ihn sind reiche Leute und eminente Talente. — Rechte Nasolabialfalte fast verstrichen — Schrecklicher Grössenwahn und wilde Ideenflucht, (19) Zittern der Hände. Gew. 117 Pfd.

1874. April. Vergräbt Eierschalen in die Erde, um am anderen Tage frische Eier zu holen (1), pisst allnächtlich ein — hat 100 Millionen Vermögen, erkennt die Uhr nicht mehr — kann nicht auf dem rechten Bein stehen (19). — Spielt den Kunstreiter-Director (23) weint sehr leicht — starke Angstanfälle mit grässlichem Schreien. Gew. 111 Pfd.

1874. Mai. Zeichen von Lues an der Zunge (9) Gehörstäuschungen (13) verdient des Nachts 100,000 Thlr. — reinlicher und ruhiger — Gewicht 120 Pfd.

1874. Juni. Verdient täglich eine Millarde durch das Badeunternehmen — fährt in 2 Stunden nach Hause, geht jeden Morgen zur Börse (11) wollte heute heirathen, die Geschichte hat sich aber zerschlagen (14). Gewicht 117 Pfd.

1874. Juli. Nimmt anderen Kranken die Effecten — schreibt nach einem Dictat mit sicherer Handschrift und ohne Fehler — Condylome im Munde — *Sublimat subcutan* 1/8 Gram täglich (10), redet Jeden per „Du" an (16). *Will von den Millionen jetzt nichts mehr wissen*, taxirt sein Geschäft richtig. Gewicht 120 Pfd. (31).

1874. August. Leugnet alle seine colossalen Geschäfte — gibt sein Verdienst sehr mässig an — legt wieder Werth auf sein Aeussere, verlangt der Wärter solle ihm einen Knopf annähen (1), gibt das Datum seiner Reise hierher sehr genau an und weiss seine Reisenabenteuer sehr genau zu erzählen (13) schreibt ziemlich gute Briefe (15) Zunge verdickt. Projectirt Wasserheilanstalt in Wien (18) sehr geschwollene Inguinaldrüssen (19) Weiss nicht, wo er ist — *Schmiercur* (20). Erster Besuch auf der Colonie, konnte sich aber nicht mehr orientiren. — Macht eine Tafel an sein Zimmer, worauf er sich Charité-Director nennt — sagt er wisse jetzt, dass er blos Kaufmann sei, habe keine Kalt-Wasseranstalt, will krank gewesen sein, jetzt aber gesund (25) will nicht zugeben, dass er von Millionen als Verdienst gesprochen habe, es sei das Unsinn, in Folge seiner Aufregung (27) Grössenideen sind fast alle geschwunden — verlangt in Gesellschaft der Ruhigen zu bleiben

— entschuldigt viele seiner Handlungen in der Aufregung — hat vieles behalten — erklärt die schwindelhaften Projecto seien Irresein — rechte Pupille grösser — zotet gern. Gew. 122 Pfd.

1874. *September.* Wird ärgerlich über den Titel Charité-Director — weiss genau, wo er ist, kann Dictirtes schwer schreiben — Zittern der Hände — Mundschleimhaut gelockert — sucht seine frühercren Grössenideen zu entschuldigen und zu rectificiren (6) wandert in alle Zimmer und nimmt, was ihm gefällt (9) Besuch des Bruders — Knochenschmerzen in beiden Beinen — neugierig, erzählt bei Fremden, dass er an Graefenberg betheiligt sei (15) schreibt an einen Verwandten, er sei 14 Jahre Charité-Director gewesen — spricht zusammenhängend und geläufig — sammelt auf den Spaziergängen Cigarrenstummeln — unordentlich und unreinlich — Grössenideen sind sehr zurückgetreten — spricht beständig. Gew. 129 Pfd. (30).

1874. *October.* Legt Allem, was er thut grosse Wichtigkeit bei — spaziert täglich ausserhalb — schreibt ziemlich verständige Briefe ohne Hülfe (15). Nimmt zwischen den Einreibungen *Jodkalium* (16) spielt gut Karten (27) will so lange hier bleiben, als es verlangt wird. Gew. 134 Pfd. (31.)

1874. *November.* Sieht seine früheren Wahnideen alle ein — schlechtes Namensgedächtniss (10) orientirt sich draussen gut — Kauflust sehr gering. — An die bis dahin erzielte ganz entschiedene Beruhigung reiht sich ein neues S t a d i u m , das sich durch Störungen in der Thätigkeit des Facialis und specifische Retinitis einführt — schwankt bei geschlossenen Augen, auf einem Bein stehend schwankt er noch viel mehr — kann nicht pfeifen (12). Neue Serie von Einreibungen, macht sich Sorgen über dieselben, weint desshalb. — Entschiedene Verschlimmerung. — Diarrhoe — grosse Hast und Unruhe, Verwirrung — behauptet durch einen Brief aufgeregt worden zu sein (18) glaubt sich verfolgt, grosse Angst, schlägt 2 Scheiben ein, schreit um Hülfe — überhaupt ganz verkehrt (19) isolirt — Temp. 37—37,6 — krampfhaftes Zucken der Gesichtsmuskeln — Heiser durch Schreien, spricht per Du, zerreisst Alles — verdient Millionen per Tag — macht den Eindruck eines Betrunkenen oder Deliranten, zerbricht den Nachtstopf, erklärt die Stücke für Diamanten. — Ideenflucht, will alle Welt umarmen und küssen. — Trommelt an Thüren und Läden — hat Riesenkräfte — starke Gehörstäuschungen — spricht viel von seiner Frau Hilda — die in der Nacht so schrecklich gebrüllt habe. Gew. 127 Pfd. (30).

1874. *Dezember.* Hat goldenen Kopf und goldene Hände, springt wild umher und schreit (2) hat alle mögliche Schätze im Zimmer, beschmiert Alles mit Koth — will Jedermann umarmen und küssen. Furchtbare Aufregung — Morph. Inject — wilde Ideenflucht mit Grössenideen — ist auf dem Himalaya, dann wieder auf den Chimborasso, dann in China — will fort um wieder Millionen zu verdienen, durchreist die ganze Welt — ist so glücklich, wie nie in seinem Leben (9) Gesichtshallucinationen — furchtbare Aufregung und Verwirrung — Zucken der Gesichtsmuskeln — hängt beim Stehen nach der rechten Seite, viel Schwindel — fühlt sich so elend, dass er kaum auf den Beinen bleibt. Heftiger Kopfschmerz.

Temperatur schwankt zwischen 36,2 und 37,6. Nimmt Jodkalium mit Wein. Gew. 106 Pfd. (31).

1875. *Januar.* Singt und schreit viel — die Untersuchung der Brust ergibt normale Verhältnisse — schimpft die Umgebung Räuber und Mörder. Auf dem Kreuzbein 2thalergrosser Decubitus — ist sehr stark und der älteste Mensch — Champagner — spricht nur von Geldangelegenheiten und von Zoten — erkennt seine Umgebung sehr häufig nicht — Ideenflucht — Decubitus geheilt — bald Kaiser mit Millionen, bald unglücklich und weinend. Temperatur zwischen 36 – 37°. Gewicht fiel bis auf 94 Pfd. stieg aber wieder bis auf 101 Pfd. (31).

1875. *Februar.* Furchtbare Aufregung, kann kaum gehen und stehen — alle seine Bewegungen haben etwas krampfhaftes — Ideenflucht — weiss nicht, wo er ist, spricht wieder einmal von Graefenberg — Othaematom — beginnt eine neue Serie von Einreibungen. Erkennt alle Personen die ihn besuchen und nennt sie richtig mit Namen (8) sein Kopf sei sehr gross geworden und wiege 2000 Pfd. — Oedema pedum, kann trotzdem im Zimmer umher gehen — mit den Händen keinen Augenblick ruhig, articulirt sehr gut — er sei ein Quentchen schwer, man solle nicht blasen, sonst falle er um, will dabei aber 300 Millionen Meter gross sein. Jodkalium noch mit den Einreibungen verbunden — es gehe ihm nicht schlecht, — Er sei in Bendorf. (26) Das Oedem steigt über Waden, Knie Scrotum, Präputium — Urin ist nicht zu erlangen Oedem geht herunter bis auf die Füsse. Gewicht 109 Pfd. (28).

1875. *März.* Oedem steigt über Oberschenkel, Scrotum (kindskopfgross) penis bis zu den Augenlidern — Urin frei von Albumin — isst etwas schlechter — Champagner — Erbrechen gelber Massen — beantwortet alle Fragen richtig, er sei in Bendorf — kann nur mit Unterstützung gehen — Gesicht gedunsen. — Durch eine kleine Erosion am Bein fliesst viel Wasser aus. Der Femoralpuls ist nicht zu fühlen und blieb aus von 9 – 13. III. — Geht mitunter auf dem Corridor spaziren. (14) Inguinaldrüsen sehr geschwollen — öfter Diarrhö — Oedem wechselnd, hustet oft ohne Auswurf (25) schwätzt immer dasselbe zusammenhanglose Zeug. Temperatur schwankt zwischen 35,8 und 37,4. Das Gewicht ist 105 Pfd. (31.)

1875 *April.* Guter Appetit, er sei 2 Loth schwer — das Othaematom ist in der Rückbildung begriffen. — Erholt sich sehr, geht viel spaziren, unreinlich — gute Antworten, ist klarer — klagt über Stirnkopfschmerz. — Augenlider geschwollen (17) Nachts plötzlich Krämpfe (18), hat paralytische Anfälle vor dem Frühstück im Sessel — Zuckungen des rechten Facialis — Contractur des biceps dexter — Champagner — erzählt dem Physicus, er habe Millionen und sei ein Quentchen schwer — sämmtliche Gesichtsmuskeln sind rechts schwächer als links. — Pupillen beiderseits eng — Oedem der Füsse — Gehörshallucinationen, hört Wagen vorüberfahren. Temperatur 38. Gewicht 99 Pfd. (30.)

1875 Mai. Ihm gehören alle Städte — hat die ganze Welt durchreist — sitzt in einem vierspännigen Wagen und wird mit einer fabelhaften Geschwindigkeit gefahren — schreit viel — geht ohne Unterstützung — Appetit ausgezeichnet — Oedeme sind alle geschwunden — Femoralpuls gut — Nachtwachen eingestellt. — Lässt Excremente in die Hose und ins Bett. — Gew. 104 Pfd. (31.)

1875 Juni. Kann wieder pfeifen — ist in Bendorf — erkennt mehr Personen — Sprache sicherer — spricht wieder von der Laubach und von Graefenberg — macht wieder die alten Projecte — er sei 100 Ctr. dann er sei 110 Ctr. schwer. — Am folgenden Tage sagt er, er sei nicht 110 Ctr. sondern 110 Pfd. schwer, aber 110 Ellen hoch. Auf einmal schlägt seine Gewichtsbestimmung um, er ist jetzt 1 Thlr. 2½ Sgr. schwer — kennt nicht die Jahreszeit, nicht die Dauer seines Hierseins, hat mehr Erinnerungen an frühere Zeit (18), Parese des rechten Facialis (28) besitzt 100 Milliarden Thaler. Gew. 111 Pfd. (30.)

1875 Juli. Er wiegt 1 Thlr. 7½ Sgr. — spricht tollen Unsinn — Jodkaliumsalbe auf den Scheitel, spricht viel ohne Zusammenhang. Gew. 113 Pfd. (31.)

1875 August. Neckt andere Kranke — sucht Schmutz und steckt ihn in die Taschen — hat ein Haus von Perlen — die ganze Welt ist sein — rechtseitige Parese (17). Er wiege 300 Ctr. — Gew. 113 Pfd. (31).

1875 September. Aufgeregt — fängt mit Jedem Scandal an (2), las einen Brief seiner Schwester, das Lesen wird ihm sehr schwer, hielt das Papier bald nahe, bald weit ab — schloss mitunter das rechte Auge beim Lesen — ist in London — alle Menschen in Amerika und Spanien heissen wie er. Neue Serie von Einreibungen (10) kann nicht mehr nach dem Dictat schreiben — schlägt oft andere Kranke — bei Tag und bei Nacht unreinlich — ist in America und Australien, ist Alles und kann Alles. Gew. 116 Pfd. (30.)

1875 October. Körperliche und geistige Abnahme (5) steckt Schmutz in die Taschen und in den Mund — sammelt Steinchen, die er für Geld und Diamanten ausgibt — mitunter heftige Aufregung ohne Grund — sieht wieder gut aus — scheint mit dem rechten Auge nicht zu sehen (retinitis syph.) — fällt beim Stehen mit geschlossenen Augen nach rechts — leicht ärgerlich — Gewicht 114 Pfd. (31).

1875 November. Complicirte Bewegungen unmöglich — giebt keine vernünftige Antworten (3), zerreisst viel (12) — Kaiser vom Nordpol (10) bei jeder Drehung um die Längsachse des Körpers fällt er um (16). Gewicht 115 Pfund. (30).

1875 December. Sprache wird schwerfälliger und zögernder (21) findet viele Worte nicht, zerstörungssüchtig — singt und schreit viel — steht Nachts auf und klopft gegen Thüre und Läden — schlechtes Aussehen — Gewicht 114 Pfd. (31).

1 8 7 6 *Januar.* Er ist der grosse Kaiser Wilhelm — sucht Diamanten im Schmutz — furchtbare Kopfschmerzen, klopft Nachts viel (8), Gang unsicher, oft Diarrhoe (12) kleiner Schlaganfall, wobei er umfiel und nicht sprechen konnte — Schlucken erschwert — erholte sich allmählig — rechte Extremitäten merklich schwächer, (13) um 12 Uhr heftige Krämpfe, Kopf nach rechts gedreht, ebenso die Augen, hörte auf Zureden — Bewusstsein nicht ganz aufgehoben — versuchte zu sprechen — nach Injection von Morphium hörten die Zuckungen auf, aber der rechte facialis und der rechte Arm blieben gelähmt — — Sprechen unmöglich — nur mit Mühe ist ihm Flüssigkeit beizubringen. Am folgenden Tage konnte er Alles bewegen (14) die rechtsseitige Lähmung nahm wieder zu, Schlucken wieder erschwert — Gesichts- und Gehörstäuschungen (15). Geringer Decubitus auf dem Kreuzbein (17) wird wieder munter und gesprächig (18) besitzt die ganze Welt (19) Oedema pedum (21) Temperatur hielt sich den Monat durch auf 37,6—8 — ist Kaiser und empfängt jetzt den Adel (29). Gewicht 111 Pfund. (31).

1876 *Februar.* Besitzt noch immer die ganze Welt, ist 100,000 Ctr. schwer (1) nennt sich Bismark — ist König von Afrika — besitzt 100,000 Thlr. (9) weiss nicht wo er geboren ist, kann nicht den Namen seines Associés nennen — nennt Jeden „Jacob" (11) weiss seinen eigenen Namen nicht mehr (13) hat Häuser voll Diamanten, wiegt 100,000 Ctr., Zuckungen im rechten Arm, Gewicht 110 Pfund (28).

1876 *März.* Gutes Aussehen — Sprache geläufig — Grössenideen — Geringes Oedem (6) ist Kaiser der ganzen Welt (19) sein Ofen ist von Gold — Parese der rechten Gesichtshälfte viel deutlicher — benutzte den Stiefel als Nachtstopf (23). Erschwertes Treppensteigen (28) Gewicht 114 Pfund (31).

1876 *April.* Weiss seinen Namen, Wohn- und Aufenthaltsort nicht — alle Paar Tage Diarrhoe trotz aller Sorgfalt in der Diät — Sprache im Ganzen sehr erschwert — geistige Functionen sinken immer mehr, beantwortet alle Fragen mit blödsinnigem Lachen. — Gewicht 116 Pfund (30).

1876 *Mai.* Spricht alle Worte geläufig nach (2) rechnet ganz sicher — lesen kann er nicht — jeder Mensch heisst „Jacob" — sieht mit beiden Augen genau, wie heute constatirt wurde (9) ist wieder an seinem Geburtsorte (10) kann heute wieder gar nicht rechnen (19) geht sehr unsicher im Garten auf ebener Erde, Gewicht 114 Pfund (31).

1876 *Juni.* Schleppt das rechte Bein nach, kann auf demselben nicht stehen — ist 100,000 Ctr. schwer (11) das rechte Bein versagt ganz den Dienst — Convulsionen, Opisthotonus — der Kopf wird nach links gezogen — klonischer Krampf der ganzen linken Seite, besonders des linken facialis — die rechte Seite, besonders der rechte Arm befinden sich in Contractur — Nadelstiche in der rechten Fusssohle, machen lebhafte Reflexbewegungen, Stiche in der linken Fusssohle nur ganz schwache Reflexbewegungen. — Bewusstsein aufgehoben, Kopf heiss, Venen turgescirend — schluckt nicht — Augen nach links und oben. Nach einer Stunde Nachlass des Krampfes, nur der linke facialis blieb noch in krampfhafter Thätigkeit. — Pupillen weit — im Laufe des Tages öfters Exacerbationen der Krämpfe. — Abends 9 Uhr trat nach einer starken tetanischen Zuckung des ganzen Körpers vollständige Ruhe ein. Puls 120. Das Bewusstsein kehrte wieder, er konnte aber nicht sprechen und nicht schlucken — Blutaustritt in die Conjunctiva (13) am andern Morgen wieder Zuckungen im linken Facialis-Gebiete — Puls 88. — Bei Bewusstsein, spricht und schluckt etwas — Reizmittel — auch heute noch öfters Convulsionen der linken Seite — 2 Minuten lang — der letzte Anfall Morgens 4 Uhr (15) gibt ziemlich deutliche Antworten, kann die Zunge nicht vorstrecken, Temp. 37,2 (15), Nach einigen Tagen ist er ausser Bett, sitzt im Sessel und nimmt feste Nahrung. — Sprache deutlich — Geist klarer als vor dem Anfall — lacht viel — schleppt immer das Bein noch nach (21), Sublimatpillen (22). Steigt ohne Unterstützung immer die Treppe hinauf und hinunter. — Auf die Frage wie er heisse, sagt er „Imperial." — Gewicht 107 Pfund (30).

1876 *Juli.* Stuhl riecht aashaft — Stomatitis — zerreisst wieder Alles (5) benennt alle vorgehaltene Gegenstände richtig — die Zeit auf der Uhr kann er aber nicht angeben. — Am 16. Dzondische Cur zu Ende. — König der ganzen Welt (19) am 23. zerriss er alles, sprach nichts, schien Angst zu haben. Puls 116. Am 24. so unsicher auf den Beinen, dass er weder stehen noch gehen konnte. Geringe Contractur der Beugemuskeln der Oberschenkel, die nach einem warmen Bade besser wurde. Subl. Inj. (25).

Da keine Besserung erzielt worden war, wurde er abgemeldet. —

Hieran reihe ich eine weitere Krankheitsgeschichte von luëtischer Psychose, die unter dem Bilde der „paralysie générale progressive" verlaufen ist, und die insofern ein ganz besonderes Interesse darbietet, da das Urtheil verschiedener Aerzte über die luëtische Natur des Leidens sehr verschieden war.

H. G., 45 Jahre alt, Kaufmann wurde am 3. August des Jahres 1874 meiner Anstalt wegen grosser geistiger Aufregung mit Grössenwahn übergeben. Aus der erhobenen Anamnese schicke ich hier Folgendes voraus:

Seelenstörungen und tiefere Erkrankungen des Nervensystems sind in der Familie nicht vorgekommen, der Vater starb 68 Jahre alt, an chronischem Bronchialcatarrh, der öfter Exacerbationen machte. Die Mutter wurde 70 Jahre alt, sie hat Gallensteine gehabt, die sie körperlich sehr reducirten. — Patient hat eine Schwester und vier Brüder, die körperlich und geistig sehr gesund sind. Er hat in der Kindheit keine Krankheiten überstanden, die zu dem Gehirne in irgend einer Beziehung stehen. — Patient war mässig befähigt und hat desshalb nur eine Elementarschule durchgemacht — er lebte in der Pubertätszeit nicht ausschweifend — verheirathete sich aus Neigung und führte ein glückliches Familienleben. Es wurde 1865 (also vor 9 Jahren) durch eine Hebamme, welche mit einem syphilitischen Geschwür am Finger die Frau während der Geburt untersuchte, diese inficirt, von der dann Patient angesteckt wurde.[*] Er ge-

---

*) Die bei der Frau vorgenommene Untersuchung ergab breite nässende Condylome an beiden grossen Schamlippen sowie am After, Roseolaausschlag am Körper, Angina syphilitica mit der charakteristischen strahlenden Röthe, so wie geschwellte Drüsengruppen in der Inguinual- und Nackengegend, also luës universalis. Bei dem Manne fanden sich breite nässende Condylome am Glied und am Hodensacke, sonst aber nirgends eine Spur von Luës.

brauchte Schmiercur — so dass sich später Nichts von Syphilis mehr gezeigt haben soll. — Patient associrte sich mit seinem älteren Bruder, der den schwierigeren Theil des Geschäfts übernahm, während Patient mehr die Reisen besorgte. Im Jahre 1873 hörte die Geschäftsverbindung auf, so dass dann schwierigere Arbeiten und Sorgen an den Kranken herantraten. — Bald nachher stellte sich unruhiger Schlaf ein, er träumte sehr lebhaft, er fiel bald von einer Höhe herab, bald hatte er ein Verbrechen begangen. In dieser Zeit fühlte sich Patient sehr unbehaglich — will aber nie Kopfschmerz oder Schwindel gehabt haben. Eines Tages, nachdem er Bier getrunken hatte, fühlte er ein eigenthümliches Zucken im rechten Arm von den Fingern bis zum Gehirn. — Im Kopfe hatte er eine grosse Eingenommenheit, so dass ihm die Gedanken vergingen. Nach einer Viertelstunde war der ganze Anfall vorüber. — Im Herbste 1873 bemerkte der Bruder gewisse Veränderungen in dem ganzen Wesen des Kranken, er war geistig *schlaffer, gleichgültiger, vergesslicher.* Nach einigen Monaten bemerkte der Arzt, dass sein Ideenkreis viel beschränkter war, und dass sein Urtheil dem eines Kindes glich. Die Sprache war nicht fliessend, der Kranke stiess oft mit der Zunge an und musste sich oft auf einzelne Worte besinnen. Sein Gedächtniss hatte gelitten, während er Thatsachen der Gegenwart und jüngsten Vergangenheit leicht vergass, vermochte er entferntere Zeiten sich ziemlich genau vorzustellen. Die Ernährung des Körpers hatte etwas gelitten. Die Gemüthsstimmung war heiter. — Er sah ein, dass er geistig nicht mehr so war wie früher.

Es wurde ihm vorgeschlagen, sich ein Jahr aus dem Geschäfte fernzuhalten, was er auch monatelang pünctlich durchgeführt hat. Schon die blosse Ruhe schien die geistige Thätigkeit etwas zu beleben und die Ernährung etwas zu heben. Bald verlor er aber diese gute Einsicht und fing an, sich um das Geschäft wieder zu bekümmern. Einige Tage nachher traten die ersten Grössenideen hervor. Er sprach stets von grossen Gewinnbringenden Unternehmungen, „wenn er auch jetzt schon Millionär sei, so werde er in nächster Zeit doch noch viel reicher." — Er versprach nach Allen Seiten grosse Geschenke. Er war meist gut gelaunt, heiter, sehr selbstzufrieden. Er war sehr gutmüthig, konnte aber keinen Widerspruch ertragen. — „Dann wiederholte sich das Zucken im rechten Arm, das von den Fingern bis zum Gehirn ging, wobei sich seine Gedanken verwirrten und er unfähig wurde, klar zu denken. Der ganze Anfall dauerte gewöhnlich einige Minuten. Nachher war er sehr erregt, und unfähig, einzelne Worte zu sprechen." — Es sind bis jetzt im Ganzen drei solcher Anfälle eingetreten. Der Hausarzt hielt diese Anfälle für apoplectisch. Die linke Pupille war erweitert. — Patient isst übermässige Portionen. Er soll an Hämorrhoiden gelitten haben, doch sollen dieselben nicht geflossen sein.

Bei der hier vorgenommenen Untersuchung des Patienten ergab sich eine Schwäche *des rechten Arms* und des *rechten Fusses* mit Abnahme des Gefühls bei Versuch mit Nadeln, sowie *Ptosis* am linken Auge. — *Zuckungen* im linken *Facialis* und namentlich auch Erweiterung der *linken Pupille* — stark angeschwollene *Lymphdrüsen* besonders in der *Inguinualgegend* — *Tremor der Hände, an der rechten*

Hand ein psoriasisähnlicher Ausschlag — Excoriationen und Ulcerationen an der Nasenschleimhaut, ebenso im Rachen, wo die Schleimhaut sehr angeschwollen war; auch die *Zungenschleimhaut* war sehr *verdickt.*

Bei seiner Aufnahme stellte er sich den andern Kranken gleich als „König von Schweden" vor, war gleich gegen alle sehr vertraulich und herablassend — verschenkte viel Cigarren, lief in alle Zimmer hinein, theils weil er das seinige nicht finden konnte, theils aber auch, weil er mit den Kranken so stand, dass er glaubte diese Rücksicht bei Seite lassen zu dürfen. Erzählt ferner, dass er ein Schloss für 3 Millionen in der Nähe seines Wohnorts bauen wolle, wozu er Baumeister aus Rom, Petersburg, Paris und London habe kommen lassen, wenn dieser Bau vollendet sei, würde er in den Grafenstand erhoben werden. Er wolle dann den Arzt als Verwalter mit einem Gehalt von 10,000 Thlr. anstellen, — verlangt Champagner — macht allerlei Projecte, will abreisen, lässt sich aber immer beschwichtigen und von seinem Uusinn abbringen — vertreibt sich die Zeit mit Kartenspiel und hat noch eine grosse Gewandtheit und Uebersicht in 66 — bringt dann die neue Idee vor, dass er Staatsanwalt sei. —

Da deutliche Spuren von Syphilis noch vorhanden sind und er früher schon vielerlei Curen durchgemacht, wurde mit der Schmiercur begonnen (20) will sich seine Equipage kommen lassen, spricht viel von seinem Reichthum — verlangt mehrere Millionen Entschädigung für seinen hiesigen Aufenthalt. — Erklärt alle Patienten der Anstalt für Millionäre. Bei seiner schwammigen Mucosa des Mundes trat schon nach 4 Tagen Stomatitis ein. Schon am 25. ist er viel ruhiger und zufriedener und spricht viel besser — verschenkt Uhren von immensem Werthe. — Ist mit seinem Vermögen sehr bedeutend berabgegangen, bestimmt es sogar auf 100 Thlr. Von dem Schlossbau will er nichts mehr wissen, das habe er sich nur eingebildet — wird in die ruhigere Abtheilung versetzt, schreibt viel besser als vor 14 Tagen hält sich ordentlich Die Einreibungen machen ihm keine Beschwerden mehr. Gewicht Anfangs 172 Pfd. Ende des Monats 166 Pfd

1874 *September.* Das Behalten der Namen wird ihm schwer, die Mundschleimhaut wird locker und zeigt sich stomatitis. — Am 7. ist der Hautausschlag gebessert, die Sprache ist fliessend — widerspricht auf's Entschiedenste, dass er Millionär sei und dass er Schlösser habe bauen wollen. Kann unsere Namen schwer behalten. (10) Die Pupillendifferenz hat aufgehört, (15) er geht auch jetzt ausserhalb spaziren, beträgt sich ordentlich. Ueber seine Krankheit äussert er sich bestimmt, er sei krank gewesen und habe „einen Vogel im Kopf" gehabt. Sprache war noch etwas erschwert — Psoriasis geschwunden (20). Am 29. wieder ein Anfall von Schwäche und Verwirrtheit. — Nach der 35. Einreibung musste für einige Tage ausgesetzt werden, da er wegen Stomatitis fast Nichts essen konnte. Gew. 168 Pfd.

1874 *October.* Nimmt vom 16. ab Jodkalium. Auf einem Spaziergang geht er von den andern Kranken fort; um in einzelnen Läden Geschäfte zu machen. —

Wird wieder albern — behauptet gesund zu sein und will desshalb entlassen werden — über seinen Zustand unklar (19). Am 20. Schmiercur wieder fortgesetzt. Die Schrift ist etwas deutlicher und fester. Er will Jura studirt haben und werde von allen Juristen College genannt — hängt nach der rechten Seite, das Stehen auf dem rechten Bein unmöglich — Stomatitis (31) die Einreibung muss wieder ausgesetzt werden. Gew. 164 Pfd.

1874 *November.* (3) Mehrere Schwindelanfälle — Ermüdet leicht im Garten (5), beständiges Hungergefühl (9), geistig viel regsamer und weniger albern, spricht gar keine Grössenideen mehr aus — die Sprache ist geläufiger, findet auch Worte, die ihm sonst fehlten, läugnet alle Aeusserungen, die er früher gethan von Grössenwahn herrührend — gebraucht Jodkalium allein, am 13. wurde aber die unterbrochene Schmiercur wieder fortgesetzt mit Jodkalium, zwischendurch ein warmes Bad. Einige Briefe vom 12. sind sehr gut in Schrift sowohl wie auch in Inhalt — liess wenig Worte aus. — (17) spricht kein dummes Zeug. — (19) Schwindelanfall — (29) kann gut pfeifen. — Gew. 161 Pfd.

1874 *December.* (1) Schwindelanfall — die Anfälle sind jetzt vielleicht durch viele und starke Cigarren so häufig. Durch Vertauschen der Cigarren sind die Schwindelanfälle sehr selten (17) nachlässig in seiner Toilette (19) Gang unsicher und schwankend. Am 22. erklärte er wieder, dass er gut einsehe, wie krank er noch sei, er wolle desshalb ruhig hier bleiben, bis wir ihn für gesund hielten. Gewicht 164 Pfd.

1875 Januar. Zeigt sich wieder albern — legt gar keinen Werth auf die Toilette — kann Dictirtes nicht schreiben — hängt nach der rechten Seite — schleppt das rechte Bein nach. Am 22. berichtet er, dass er in den letzten Tagen aufgeregt gewesen sei. — Besuch seiner Verwandten (23) erkennt sie und erklärt gleich von vornherein, dass er nicht nach Hause mitginge, weil er noch krank sei. Gewicht 166 Pfd.

1875 *Februar.* Keine Grössenideen, aber sehr albern. — Am 4. wurde wieder die Schmiercur begonnen und vorher warmes Bad, Morgens und Abends Jodkalium. Er sieht selbst ein, dass es nöthig ist, die Cur noch fortzusetzen (12) Sprache sehr schlecht, Schrift sehr gut. — Stomatitis (16) grosse geistige Regsamkeit, Gang und Sprache sicherer. Spricht viel besser (18) will Schwindelanfälle gehabt haben. — Stomatitis mit scheusslichem Geruch. Einreibung ausgesetzt (20); schreibt sehr gut — Gang sicherer — Gedächtniss recht gut. Gewicht 166 Pfd.

1875 *März.* Die letzten 5 Einreibungen haben den Patienten viel mobiler gemacht, erzählt mit mehr Zusammenhang, spricht besser, Schrift ist besser und leserlicher — auch der Inhalt verständlich — vom 3. ab wird wieder nach beseitigter Stomatitis die volle Cur gebraucht — 12. ist entschieden mobiler, weiss sich besser auszudrücken — häsitirt weniger, musste wegen Stomatitis öfter aussetzen, gebrauchte dann aber Jodkalium allein fort. Gewicht 169 Pfd.

6

1875 *April.* Verworren, schreibt und spricht schlechter (6) Einreibungen sind noch immer ausgesetzt — albern — erzählt seinem besuchenden Bruder, dass es ihm sehr gut hier gefiele — recht mobil — Sprache häsitirend — schlechter Brief — kann Dictirtes nicht schreiben — verworren, orientirt sich schlecht — findet die Thüre zu seinem Corridor nicht. — Nachlässig in der Toilette — da die Stomatitis ganz beseitigt ist, so wurde die Einreibung wieder fortgesetzt (16) — verletzt oft den Anstand — besuchte heute (26) nach 10 Uhr in sehr mangelhafter Toilette einen Nachbar — wird auf Vorhaltungen grob. — Albern (29) findet oft nicht seine Thüre. Gewicht steigt auf 174 fällt dann aber auf 167 Pfd.

1875 *Mai.* Muss wie ein Kind behandelt werden, wird ausgezogen und vom Wärter gewaschen (5) unverständlicher Brief — geht rückwärts, schleppt das linke Bein nach (19) Schwindel, (20) ist unfolgsam — attaquirt den Wärter. Gewicht 170 geht aber zurück auf 165 Pfd.

1875 *Juni.* (1. u. 2.) Es eröffnete sich eine ganz neue Reihe von Grössenideen; er würde Handelsminister und Präsident im Ministerium, er habe das Zeug dazu — verlangt mit grosser Aufregung, man solle an den Kaiser telegraphiren, ob er nicht sein Anwalt geworden sei. — Gang unsicher — Pupillen weit (3) leugnet alle Aussprüche vom 1. u. 2. Juni — Sprache erschwerter — Schlaf schlechter — hat dem Wärter erzählt, er bleibe nicht mehr lange hier, denn er werde Minister — (4) Er sei Anwalt geworden, verstehe überhaupt Alles. Zittert beim Sprechen mit allen Gesichtsmuskeln — Sprache sehr erschwert — Tremor der Hände (10) fibrilläre Zukungen der Zunge — (11) habe studirt und sei Advokat — macht wieder grosse Geschäfte — (12) Unsicherer Gang. Advocat — (16) Minister — hat ein Schloss in Berlin, werde heute Mittag dorthin reisen (14) hat jetzt 4 Schlösser in Berlin. — Zunge weicht nach rechts ab, (18) hatte gestern Abend einen paralytischen Anfall mit Erbrechen — Puls 100, behauptet seine Frau sei dagewesen, aber abgewiesen worden. (19) Wird Minister, hat ein Schloss in Berlin (20). Ist Advocat und Minister, hat mehrere Schlösser — bedroht jeden mit Schlägen, der seine Aussagen bezweifelt. — Jodkalium — kann sich nicht orientiren in den Zimmern — ist jetzt auch noch Doctor der Medicin. — Gang und Sprache erschwert — gibt richtige Auskunft über Personalien — Er sei 46 Jahre alt, will 1830 geheirathet haben — hat viele Söhne die alle Advocaten sind, — hat 20 Frauen — züchtet colossale Forellen, die gerupft werden — bei denen er an jedem Stück 100 Thlr. verdient (25) 37,8 Temp. — weint oft — hat jetzt ein Dutzend Schlösser (28) linkseitige Ptosis. Gewicht stieg auf 170 Pfd., ging herunter auf 157 Pfd.

1875 *Juli.* Hat jetzt 30 Weiber, sonst sind alle Ideen gleich geblieben. — Die Forellen kosten jetzt 1000 Thlr. per Stück (2) Ist jetzt wieder Arzt — kann die Zimmer nicht finden, unsicher in allen Bewegungen (12) Sprache etwas geläufiger — will fort per Extrazug. — (14) Züchtet jetzt auch Elephanten, die so gross sind wie Häuser (19) Stomatitis — ist furchtbar reich, hat 10 Schlösser — (20) Parese des facialis, nimmt noch immer Jodkalium. Gewicht 162 Pfd.

1875 August. Weint über Kopfschmerzen — onanirt — droht Soldaten zu schicken, wenn er nicht entlassen würde. (9) *Wieder Schmiercur* — verworren — hängt ganz nach der linken Seite — Gang unsicher — Ptosis links — beide Augenlider ödematös — unreinlich. (11) Nachts grässlicher Lärm — gibt die Grössenideen allmählich auf — Sprache geht besser — Gang wird sicherer — will jetzt nach Hause und nicht nach Berlin — fällt bei geschlossenen Augen nach links — wird böse, wenn man ihm erzählt, er habe geglaubt Minister und Advocat zu sein (18) unreinlich, aber viel klarer — äussert weniger Grössenideen — deutlichere Sprache — keine Grössenideen mehr — hier und da fehlen einzelne Worte — leugnet jetzt alle Grössenideen (26) kann sich correcter ausdrücken, Gew. 157 Pfd.

1875 September. (2) Mobiler, spricht geläufiger — linke Pupille ist grösser — keine Grössenideen — linkseitige Ptosis — ist nur Kaufmann (8), kleidet sich besser. Gewicht 158 Pfd.

1875 October. Gang und Sprache sicher — spielt wieder Karten 66. — (20) *Einreibung ausgesetzt* wegen starker Stomatitis — Appetit gut. Gewicht 154 Pfd.

1875 November. Gedächtniss auffallend gut (6) Strabismus convergens des linken Auges — Häufiges Blinzeln (9) Temperatur nicht erhöht (12) oft Diarrhoe — (29) abgereist, da die Angehörigen mit der erzielten Besserung zufrieden sind.

*   *   *

Es gibt keinen Abschnitt in der ganzen Psychiatrie, wo wir auf die Frage nach den zu Grunde liegenden pathologisch - anatomischen Veränderungen eine so prompte Antwort ertheilen können, als gerade hier in diesem bisher so dunklen Gebiete. Es ist das grosse Verdienst des Professors H e u b n e r in Leipzig, hier Licht geschaffen zu haben. Seine Arbeiten über die *„syphilitischen Arterienerkrankungen"* sind so bekannt, dass ich hier nicht speziell auf dieselben einzugehen nöthig habe. Es genügt vollständig, auf dieselben in der vorausgeschickten Literaturübersicht hingewiesen zu haben. Es kann natürlich nicht in meiner Absicht liegen, die vortrefflichen Arbeiten H e u b n e r s auszüglich alle mitzutheilen, ich werde mich nur auf die allernothwendigsten Notizen beschränken, welche zum Verständniss erforderlich sind.

H e u b n e r hat nachgewiesen, dass die syphilitische Erkrankung der Arterien, welche zunächst die grösseren Stämme befällt und allmählich auf die kleineren übergeht — nach und nach eine Wucherung in den Arterien und dadurch eine Verengung des Lumens derselben herbeiführt, welche die Blutzufuhr zu dem Gehirn immer mehr beschränkt und so die Ernährung desselben nach und nach aufhebt. — Diese Wucherung geht von der Innenhaut der Gefässe aus und hat entweder eine directe Verstopfung der Gefässe zur Folge oder es lagert sich ein Exsudatpfropf im Innern ab, an den sich immer weiteres Blutgerinsel ansetzt. Am häufigsten werden hiervon befallen die Arterien, welche den Circulus arteriosus Willisii bilden und die 3 Stämme, welche von diesem abgehen, die *arteria corporis callosi — die arteria fossae Sylphii* und die *arteria cerebri profunda*.

Zuerst bemerkt man die Erkrankung der Arterien — welche gewöhnlich an der Hirnbasis beginnt — an einer Farbenveränderung derselben. Während gesunde Arterien ganz durchsichtig sind, bekommen dieselben, sobald der luëtische Process in denselben begonnen hat, eine milchweisse Trübung, die ihre Durchsichtigkeit vermindert und endlich ganz aufhebt. Die weissliche Trübung wird allmählich immer dunkler. Auch eine ganz andere Form nimmt die Arterie an. Je mehr das Exsudat sich anhäuft, um so steifer wird dieselbe, und um so runder, bis sie endlich sich anfühlt wie eine durchgelegte Darmsaite.

Schneidet man ein solches Gefäss durch, so macht sich zunächst bemerklich, dass dasselbe an seinem inneren Raum verloren hat. Anfangs sieht es aus, als ob die Wände nach Innen einen Ueberzug bekommen hätten, allmählich bekommt es aber mehr den Anschein, als ob eine zweite Wand sich gebildet habe, welche nach und nach an Consistenz gewinnt und schliesslich ganz zäh und fest wird.

Die dadurch herbeigeführte Verengung des Arterienlumens ist in ein und derselben Arterie sehr verschieden je nach der Dauer, während welcher die Arterienerkrankung besteht. Man trifft Stellen, wo das Lumen nur noch ein *Drittel* des normalen Raumes besitzt und wieder andere, wo nur noch der vierte Theil vorhanden ist und endlich solche, wo nur der fünfte Theil übrig geblieben ist, selbst solche, wo die ganze Arterie wie von einem Trombus obliterirt und total unwegsam für das Blut geworden ist.

Es sind zwar bezüglich der Stelle, von wo die Arterien-Erkrankung ausgeht, in letzter Zeit die Angaben H e u b n e r's angegriffen worden (Ko s t e r) der behauptet, dass sich dieselben zwischen der elastischen Lamelle der Intima und dem Endothele entwickele, da es jedoch bei unserer Darstellung weniger darauf ankommt, diese Frage mit voller Bestimmtheit zu entscheiden, so gehe ich hier darüber weg und halte mich an die ursprünglichen Resultate H e u b n e r's.

Das in dem Arterienrohr gebildete Exsudat, welches das Lumen desselben verringert, dehnt sich nun nach zwei Richtungen immer mehr aus, einmal in die Breite, so dass das Lumen sich immer mehr verrengt und dann in die Länge, so dass die erkrankte Stelle der Arterie immer grösser und länger wird.

Auf diese Weise können allmählich die meisten Arterien, in ihrer Thätigkeit beeinträchtigt und ganz undurchgängig werden, so dass immer mehr Provinzen des Gehirns ausser Function gesetzt werden.

Die Entziehung der Nahrung für einzelne Theile des Gehirns hat zunächst den Nachtheil, dass die Function derselben in den betreffenden Theilen beeinträchtigt wird, sie hat aber auch noch den weitern Nachtheil, wie ich dies schon bei der Embolie der Hirnarterien auseinander gesetzt habe, dass die betreffenden Stellen des Gehirns von Erweichung befallen werden. Dieser allmählich zunehmende Verschluss der Arterien führt bei den luëtischen Psychosen viel häufiger zur Gehirnerweichung, als dies durch die im zweiten Stadium auftretende primäre Entzündung der Substanz geschieht, welche ich an der betreffenden Stelle geschildert habe. Wenn auch einzelne Theile dieser neuen Untersuchungen von H e u b n e r noch nicht ganz festgestellt sind, so sind doch die Hauptpuncte zur Evidenz bewiesen und es kann im Ganzen kein Zweifel mehr darüber bestehen, dass die luëtische Psychose „mit dem fortschreitenden Blödsinn und der fortschreitenden Gedächtnissabnahme" wirklich als Folge dieser Ar-

terienerkrankung zu betrachten ist. Es wird durch diese vortreffliche Arbeit He u b n e r s auch immer wahrscheinlicher, dass bei der
nicht luëtischen „allgemeinen fortschreitenden Parese" die Erkrankung
der Arterie die wesentlichste und wichtigste Krankheitsursache ist,
wie dies schon M a g n a n, der vortreffliche Gehirnforscher im Bureau
centrale und L u b i n s k y , der sich schon durch eine Reihe von
Untersuchungen über die allgemeine fortschreitende Parese vortheilhaft bekannt gemacht hat, — längst behauptet haben. Ich kann
an dieser Stelle unmöglich auf eine detailirte Auseinandersetzung
und Klarlegung dieser noch immer offenen Streitfrage eingehen, es
mögen diese Andeutungen für jetzt genügen, bei einer anderen
passenderen Gelegenheit werde ich darauf vielleicht zurückkommen.

Die Diagnose.

Trotz der langen Auseinandersetzungen, welche in den letzten Jahren über die luëtischen Psychosen gemacht worden sind, wird es doch noch eine schwierige Aufgabe bleiben, im gegebenen Falle eine Psychose mit voller Bestimmtheit als eine luëtische zu diagnosticiren. Auch jetzt ist man noch nicht im Stande, ganz untrügliche specifische Symptome der luëtischen Psychosen zu geben; ich habe nur als Anhaltspunct für eine Wahrscheinlichkeitsdiagnose angeben können, dass wenn eine gewisse Anzahl von Organen luëtisch erkrankt ist, man vermuthen darf, die psychische Störung sei durch specifische Erkrankung des Gehirns oder anderer damit in inniger Beziehung stehender Organe hervorgerufen. Aber ebenso wenig man bei einem an Tuberculose oder Carcinom Erkrankten eine jede psychische Störung oder auch jede tiefere Erkrankung des Gehirns auf einen Tuberkel oder ein Carcinom im Gehirn wird zurückführen dürfen, ebenso wenig kann man auch mit voller Bestimmtheit behaupten, dass eine Psychose luëtisch sei, weil die Haut, die Knochen der Extremitäten und verschiedene andere Organe von secundärer oder tertiärer Syphilis ergriffen sind. Es bleibt immer nur eine „Wahrscheinlichkeitsdiagnose," die man aber durch Zubülfenahme anderer Symptome immer mehr stützen und befestigen kann.

Hier muss vor Allem Das verwerthet werden, was ich über den Krankheitsverlauf gesagt habe. Bei den luëtischen Psychosen spielt eben die Luës eine so ganz besondere Rolle, dass dadurch der Verlauf von dem der nicht luëtischen abweicht. Es kommen Complicationen dazu, welche den nicht luëtischen Psychosen ganz fern bleiben, und ausserdem besteht ein so charcteristischer Wechsel in der Aneinanderreihung der Symptome, ein Ueberspringen von einem scheinbar sehr sehweren Stadium in ein anderes scheinbar sehr leichtes, dass dies schon allein auf den richtigen Weg führen kann. Ein weiteres diagnostisches Hülfsmittel bleibt aber das „Argumentum ex juvantibus," das ich in keinem zweifelhaften Falle unversucht lassen möchte.

Im *ersten* Stadium dürfte die richtige Beurtheilung noch am leichtesten sein, da man hier aus der Wichtigkeit der luëtisch erkrankten Organe und aus ihrer Beziehung zu den Psychosen ziemlich sicher stellen kann, ob das luëtisch erkrankte Organ im Stande ist, nachtheilig auf das Seelenleben zu wirken. In ganz zweifelhaften Fällen empfehle ich aber, jedenfalls das therapeutische Experiment zu machen, um durch einige Dosen Jodkalium festzustellen, ob die Diagnose der luëtischen Psychose gerechtfertigt ist.

Im *zweiten Stadium* sind zweierlei Symptomencomplexe zu unterscheiden, zunächst die *acuten*, oder wie ich sie oben bezeichnet habe, die *„stürmischen Erscheinungen"* und dann die *chronischen*, welche nach Ablauf der stürmischen Symptome übrig bleiben. —

Ob ein *apoplectischer* Anfall, der so oft das zweite Stadium eröffnet, oder eine *Epilepsie* die ebenfalls so oft als Initialsymptom des zweiten Stadiums auftritt, durch Luës bedingt sind, oder ob sie durch andere Ursachen veranlasst sind, ist in einzelnen Fällen oft sehr schwer zu entscheiden. Bei nicht luëtischer Apoplexie sind gewöhnlich Herzfehler, atheromatöse Processe etc. lange vorhergegangen, so dass man gewissermassen den apoplektischen Anfall schon lange erwartet hat — die luëtische Apoplexie hat aber gewöhnlich nach dieser Seite hin gar keine Vorboten. Alle ihre Vorläufer beziehen sich vielmehr auf luëtische Erscheinungen. So gehen sehr oft die Erkrankungen einzelner Nerven (plötzliche Lähmung der Augennerven, oder des opticus und drgl.) bei der luëtischen Apoplexie voraus. — Bei der *Epilepsie* kann es mitunter einen Anhalt gewähren, dass die luëtische Epilepsie in späteren Jahren auftritt, während die nicht luëtische Epilepsie gewöhnlich sich schon in den Knaben- oder Jünglingsjahren entwickelt. — Bei der plötzlich eintretenden *Aphasie* ist es oft ganz unmöglich, dieselbe von einer embolischen zu unterscheiden, denn die mitunter vorhergehenden Erkrankungen einzelner Organe (z. B. des Auges) können hier gerade zu′ Täuschungen Veranlassung werden, so dass man gerade in der Diagnose der embolischen Aphasie unterstützt wird. Es ist auch die Frage nach der Quelle des Embolus nicht immer leicht zu beantworten, so dass man den embolischen Process nicht immer mit Bestimmtheit ausschliessen kann.

Durch Zuhülfenahme der Anamnese und namentlich durch Umsehen in der Familie nach tiefern Nervenleiden, wird die Diagnose oft noch sehr erschwert. Es sind derartige Leiden des Nervensystems schon bei andern Gliedern der Familie vorgekommen, so dass man gerade auf derartige Erkrankungen geführt wird, und an die Luës gar nicht denkt. — Nicht günstiger ist man gestellt, wenn man in einer Familie wo Kopfcongestionen und andere Nervensymptome schon oft vorgekommen sind, plötzlich einen Anfall heftigen *Schwindels* beurtheilen soll, vielleicht noch gar bei einem Patienten, der in der ganzen Familie am meisten von Unterleibsplethora, Trägheit der Darmthätigkeit heimgesucht wird. Bei allen diesen Fällen ist es fast ganz unmöglich, Klarheit zu bekommen, wenn man nicht in der isolirten Erkrankung, die dem

plötzlichen Anfalle vorausging, einen Anhaltspunct erlangt. Man
soll daher in allen zweifelhaften Fällen sorgfältig recherchiren, ob
der Kranke früher nicht an plötzlicher Ptosis oder an Schielen des
einen oder anderen Auges, an Doppelsehen gelitten habe, ob nicht
Schmerzen oder Gefühllosigkeit in kleineren oder grösseren Bezir-
ken des Gesichts, in den Zähnen etc. bestanden haben, ob nicht die
Sehkraft vorübergehend *getrübt* oder auch wohl momentan ganz aufgehoben war; es sind das die einzigen Wegweiser, welche uns in
diesen dunklen Fällen auf die richtige Spur bringen können.

Der chronische Abschnitt des zweiten Stadiums, nachdem die
stürmischen Erscheinungen alle abgelaufen sind — bietet nach einer
anderen Richtung grosse Schwierigkeiten dar, indem er so grosse
Aehnlichkeit mit der *„multiplen Sclerose des Gehirns"* darbietet, dass
es sehr schwer ist, beide von einander zu unterscheiden. Beide
Erkrankungen stimmen darin mit einander überein, dass der Verlauf
so sehr wechselnd ist, dass es zu Verschlimmerungen und dann wieder
zum Stillstand aller schlimmen Erscheinungen kommt, und dann auch
wieder, dass Besserungen von längerer oder kürzerer Dauer dazwischen-
treten. Sie unterscheiden sich aber in folgenden Punkten sehr wesentlich: Bei den luëtischen Psychosen sind die Symptome der psychischen Störung von vornherein vorhanden, bei der multiplen Sclerose
fehlen dieselben mitunter oder treten wenigstens erst sehr spät hervor — bei der luëtischen Psychose fehlen Symptome, die auf Erkrankung des Rückenmarks beruhen, während bei der multiplen Sclerose der Nervencentren die Gehirn- und Rückenmarkssymptome meist
zugleich auftreten. Epileptoide und epileptische Anfälle erscheinen
im Verlaufe der luëtischen Psychosen ziemlich häufig, während sie im
Verlaufe der multiplen Sclerose fast gar nicht beobachtet werden. Die
Aphasie wird bei den luëtischen Psychosen, wie ich schon wiederholt angedeutet habe, ziemlich oft beobachtet, während sie im Verlaufe der multiplen Sclerose nicht beobachtet wird. Die luëtischen

Psychosen zeigen in ihrem Verlaufe ziemlich häufig Contracturen die im Verlaufe der multiplen Sclerose meistens fehlen.

Sehr leicht ist es im II. Stadium möglich, die luëtische Natur der zahlreichen *Neuralgien* zu verkennen und dieselben für einfache gutartige Neuralgien zu halten.

Kopfschmerzen sind ja so oft Vorläufergewöhnlicher nicht luëtischer Psychosen, dass darin kein Anhalt für die Differentialdiagnose geboten ist. Es müssen also die im Verlaufe der luëtischen Psychosen so häufigen Neuralgien, sorgfältiger beobachtet werden. Das nächtliche Erscheinen der Schmerzen, eine Stunde vor Mitternacht und das Aufhören derselben eine Stunde nach Mitternacht, wenn der Schweiss eintritt, ist bei den luëtischen Neuralgien als ziemlich charactcristisch hervorgehoben worden. Ausserdem sind noch, wie schon oben bemerkt wurde als diagnostische Zeichen hervorzuheben, dass dieselben durch Druck sich steigern und meist als Stirn- oder Hinterhaupt (Nacken-) schmerzen verlaufen (nervus frontalis und occipitalis). In einzelnen Fällen werden die Schmerzen als bohrend bezeichnet (dolores osteocopi) in anderen Fällen dagegen vergleichen sie die Kranken mit dem Durchsägen eines Knochens, wieder andere mit dem Zusammendrücken des Kopfes. In neuerer Zeit ist es bestritten worden, dass die Schmerzen „nocturni" seien und sich überhaupt nach der astronomischen Zeit richteten (Ricord und Nelaton). Nur die *Bettwärme* bringe dieselben hervor. Man brauche nur die Bonvivants, welche den Tag zur Nacht machen, zu befragen, so würde man erfahren dass sich die Schmerzen nicht an die astronomische Zeit bänden denn diese Herren würden am Tage, sobald sie ins Bett kommen, von den Schmerzen befallen.

Von anderer Seite ist dem aber auch widersprochen (Vidal de Cassis) und behauptet worden, dass wenn man syphilitische Kranke um Mitternacht ausfahren liesse, bei denselben doch eine Steigerung der Schmerzen eintrete.

Auch die Schmerzen der Extremitäten kommen im Verlaufe luëtischer Psychosen vor, sowohl bei Tag als bei Nacht, werden aber gewöhnlich für Rheumatismus erklärt. Es gibt zwar auch andere Psychosen, in denen sich Schmerzen einstellen, aber jedenfalls und darauf mache ich ganz besonders aufmerksam, sind gewöhnlich, wenn dieselben sich öfter wiederholen, tiefere Gehirnerkrankungen mit meist ungünstiger Prognose die Ursache. In den allerwenigsten Fällen ist es wirklich Rheumatismus. Es ist deshalb diesen heftigen Neuralgien die grösste Aufmerksamkeit zu schenken. Sie sind oft Vorboten, die uns auf den richtigen Weg führen können, wenn man die Beobachtungen gehörig verwerthet. Die bei weitem zahlreichsten Neuralgien dieser Art beruhen auf constitutioneller Syphilis und ist das Jodkalium desshalb ein Mittel, welches in so zahlreichen Fällen von Neuralgien hilft, dass sich dasselbe wirklich den Ruf eines Antidots gegen Migräne und die aus derselben so oft hervorgehende Schlaflosigkeit erworben hat.

Im *dritten* Stadium hat der Verlauf der luëtischen Psychose, wie schon oben bei der Eintheilung in drei Stadien angedeutet ist, die grösste Aehnlichkeit mit der *„fortschreitenden allgemeinen Paralyse.“* Die Aehnlichkeit ist so gross, dass es in manchem Falle ganz unmöglich ist, beide Krankheiten von einander zu unterscheiden. Da die allgemeine Paralyse eine sehr ungünstige Prognose darbietet, die luëtischen Psychosen aber selbst in vorgerückteren Stadien d. h. wenn schon Lähmungserscheinungen hinzugetreten sind, noch Aussicht auf Heilung wenigstens auf Besserung zulassen, so hat man sich viel bemüht, in einzelnen Journalartikeln sowohl als auch in selbstständigen Schriften, die beiden Krankheiten von einander zu scheiden.

Die Anamnese bietet deshalb so wenig sichern Anhalt, weil auch in der Anamnese der fortschreitenden Parese so viele Fälle von syphilitischer Infection als primäre Erkrankungen verzeichnet sind. — Auch das bietet wenig sichern Anhalt, dass andere Organe ausser dem Gehirn von Syphilis ergriffen waren, denn es ist ja immer möglich, dass die luëtische Erkrankung bloss extracranielle Organe ergriffen hat, sie braucht deshalb noch nicht aufs Gehirn übergegangen zu sein. — Der einzige sichere Anhalt ist der, dass eben Symptome des zweiten Stadiums sich mit dem dritten Stadium combiniren. Die Lähmung einzelner Nerven und Nervengebiete, die Functionsstörung ganzer *Gehirnbezirke*, welchen eine *begrenzte* Function obliegt (z. B. die Sprache) in Verbindung mit der Abnahme der Intelligenz und des Gedächtnisses sind ein sicherer Anhalt für die Syphilis weil sie nur bei dieser vorkommen. Die fortschreitende allgemeine Parese zeigt in ihrem ganzen Verlaufe niemals solche Lähmungen einzelner Nerven, wie des oculomotorius, trochlearis, abducens, des facialis — des trigeminus und des opticus, — der Sprachcentren, es sind dies Symptome der luëtischen Psychose. — Wenn man also die Combination des zweiten und dritten Stadiums in einem Falle hat, so kommt das bei der Diagnose sehr zu Statten, es gibt aber Fälle genug, wo man eine solche Combination nicht hat, und wo man sich, nur mit Wahrscheinlichkeit sagen muss, hier liegt eine luëtische Erkrankung vor. — In solchen Fällen ist die Uebereinstimmung mit der Paralysie générale progressive so gross, dass vielleicht als einziger Anhaltspunct das therapeutische Experiment gelten kann, zu dem ich deshalb in jedem Falle rathe, wenn nur einigermassen Anhaltspuncte für die Möglichkeit einer luëtischen Psychose vorhanden sind, für dessen Fortsetzung ich sicher jedesmal plaidire, wenn die Erfolge des Versuchs auch nur zweifelhaft sind und für dessen Aufgeben ich mich nur dann entscheiden möchte, wenn die fortgesetzten Versuche absolut negative Resultate liefern.

Die Prognose

ler luëtischen Psychosen lässt sich im Allgemeinen nicht so kurz aus-
;prechen, man behandelt dieselbe am Besten nach den einzelnen
3tadien der Erkrankung.

Im *ersten* Stadium richtet sich die Prognose nach der luëtischen Erkrankung derjenigen Organe die zu der Seelenstörung in
einer ganz besonderen Beziehung stehen, so dass deren Erkrankung
als die Ursache der Seelenstörung angesehen werden muss. Es sind
hauptsächlich die Erkrankungen der Lunge und der dazu gehörigen
Organe, des Kehlkopfs und der Luftröhre, es sind ferner die Erkrankungen des Herzens, ferner die Erkrankung der Leber und der
Milz, sowie des Magens und des Darms, welche alle ohne Ausnahme
einen grösseren oder geringern Einfluss auf das Seelenleben ausüben.

Wenn wir die einzelnen Fälle genauer betrachten, so sind es die
syphilitischen Neubildungen in der Lunge und die damit in Verbindung stehenden Erytheme und Papeln auf der Bronchialschleimhaut,
die gerade solche knotige Ablagerungen (Syphilome) in das Lungen-

gewebe macht, wie die Tuberculose und auch denselben Einfluss auf das Gemüth ausübt wie diese. — Die Prognose ist hier vorherrschend günstig, denn in der Mehrzahl der Fälle übt eine vernünftige Behandlung einen ziemlich raschen Einfluss auf die erkrankte Lunge und die davon abhängige Psychose aus.

Quoad vitam kann allerdings die Prognose mitunter recht ungünstig werden, wenn ein Geschwür z. B. tiefer um sich greift und irgend eine Arterienblutung herbeiführt. Ich habe oben in der Krankheitsgeschichte Nro. I schon die Möglichkeit einer schnellen Genesung der Hypochondrie angeführt, da hier ganz gewiss nicht allein die luëtische Erkrankung der Leber, sondern auch die der Lunge einen Einfluss auf die Psychose ausgeübt hat.

Unter den Krankheiten des Herzens bieten die luëtische *Endo-* und *Pericarditis* ganz gewiss keinen schlimmeren Einfluss auf das Seelenleben, als die durch rheumatischen Einfluss bedingten Herzkrankheiten. Ebenso ist die einfache sowohl als auch die gummose *Myocarditis* immer zugänglich für Medicamente und werden davon abhängige Seelenstörungen gewiss ebenso günstig influirt, wie wir es bei anderen luëtischen Erkrankungen innerer Organe beobachten.

Zustände, die eine Gefahr für das Leben bringen, dürften in derartigen Fällen nicht leicht vorkommen.

Von den Erkrankungen der *Leber* sind es die *Perihepatitis* sowie die einfache und gummöse *Hepatitis*, welche am häufigsten ihren Einfluss auf das Seelenleben geltend machen. Aber auch diese sind durch eine energische Behandlung zugänglich für Medicamente und man kann mit Sicherheit erwarten, dass die Lebererkrankungen sehr gebessert, wenigstens so weit gebracht werden, dass ihr nachtheiliger Einfluss auf das Seelenleben sich auf ein Minimum reducirt. — Eine Gefahr für das Leben kann so leicht nicht eintreten.

Von den Erkrankungen der *Milz* sind es besonders die *partielle und die diffuse Splenitis*, welche aber beide für Medicamente zugänglich sind und keine Gefahr für das Leben bieten.

Von den Erkrankungen der *Verdauungsorgane* ist es vorzüglich die *Darmsyphilis* (Förster) mit der *Hypertrophie der Peyerschen Plaques*, welche einen nachtheiligen Einfluss auf das Gemüth ausübt. Ich habe einen eclatanten Fall von Gemüthsleiden beobachtet, wo alle Syptome auf eine Erkrankung des Duodenum hindeuteten. Als alle sonst gebräuchlichen Mittel fruchtlos angewendet waren, wurden einige Symptome der constitutionellen Luës bemerkt, und darauf hin die Vermuthung aufgestellt, dass eine syphilitische Erkrankung des Duodenum vorliege. Eine energische Jodkur führte rasch zur Genesung der Psychose.

Ich glaube, dass die Psychosen in Folge von luëtischer *Darmerkrankung* noch rascher genesen als die Psychosen durch die Luës anderer Eingeweide bedingt und zwar, weil die Medicamente rascher und ergiebiger an den locus affectus gelangen können. — Eine Gefahr fürs Leben wäre denkbar, wenn die Geschwüre im Ileum (im Colon sind syphilitische Geschwüre noch nicht beobachtet worden) sehr in die Tiefe gingen und eine tödtliche Blutung veranlassten. —

Rückfälle gehören hier nicht zu den Seltenheiten, so lange noch etwas von der Luës im Körper zurück ist. Es ist daher dringend nöthig mit der grössten Consequenz auf die Vernichtung der Luës hin zu arbeiten. —

Im *zweiten* Stadium ist die Prognose im Allgemeinen schon ungünstiger, als in dem ersten Stadium. Es dauert die Psychose einmal viel länger, und dann reicht man auch in der Mehrzahl der Fälle nicht mit den leichteren Jodpräparaten aus, sondern muss das Quecksilber in irgend einer Form schon zu Hülfe nehmen.

7

Am Günstigsten sind die Fälle, wo blosse *Knochenerkrankungen*
vorhanden sind, wo die Knochenkanäle, welche den Nerven zum
Durchlass dienen, durch Exsudate verengt werden. In solchen Fällen
sind oft Symptome, welche der Krankheit ein äusserst ungünstiges
Aussehen geben, in ganz kurzer Zeit geschwunden. — Bei diesen
Knochenerkrankungen ist auch mit den Jodpräparaten oft noch ein
günstiger Erfolg zu erreichen.

Eine ungünstigere Prognose liefern schon die Fälle, wo die *Gehirnhäute* ergriffen sind. — Hier ist ohne Quecksilber kaum durch
zu kommen, wenn auch einzelne leichtere Fälle noch mit Jod geheilt
werden können. Sehr oft bleiben hier nach Beseitigung der Psychose und aller übrigen Nervenerscheinungen geistige Schwäche
oder Sprachlosigkeit, oder Paralyse resp. Anästhesie einzelner Nerven zurück.

Die übelste Prognose im zweiten Stadium bieten die Fälle,
wo das Gehirn selbst gelitten hat durch Erweichung, oder Neubildung. Das sind gerade die Fälle, wo auch nach der consequentesten
Behandlung der psychische Defect so leicht übrig bleibt. ·

Man soll übrigens auch in diesen Fällen nicht verzweifeln. Die
Krankheitsgeschichte VII. wird den Leser überzeugen, dass auch scheinbar ganz hoffnungslose Fälle doch noch durch eine consequente Behandlung zu heilen sind. Ich könnte dieser noch andere an die Seite
stellen, wo *Epilepsien* zur Genesung kamen, trotzdem dass Tumoren
(Syphilome) an der Oberfläche der Hemisphären deutlich nachzuweisen
waren — und wieder andere wo — wie dieses schon in der Krankheitsgeschichte Nro. V. angegeben ist, vollständige *Hemiplegien* existirten.
Es dürfen allerdings hier keine Erweichungsheerde existiren, die zur
Zerstörung oder allenfalls Narbenbildung der Gehirnmasse führen, sondern es muss irgend ein Druck (durch Exsudate, Syphilome etc.)
stattfinden, der das Gehirn comprimirt, aber nicht zerstört.

Gefahr fürs Leben ist in dem zweiten Stadium ebenfalls mitunter vorhanden, aber weniger durch Gefässrupturen, wie ich dies im ersten Stadium angegeben habe, (denn wirkliche Hirnblutungen sind bei Syphilis äusserst selten) sondern durch die tieferen Erkrankungen des Gehirns selbst, besonders die Entzündungen etc. — Rückfälle kommen im zweiten Stadium noch öfter, als im ersten vor, wesshalb es in jedem einzelnen Falle dringend nöthig ist, die Nachbehandlung sorgfältig zu leiten, und nicht die Hände müssig in den Schoos zu legen, sobald die schlimmsten Erscheinungen beseitigt sind.

Ueber die Prognose des *dritten* Stadiums sind die Ansichten sehr getheilt. Die Mehrzahl der Schriftsteller spricht sich dahin aus, „dass wenn einmal Symptome der fortschreitenden Lähmung in Verbindung mit der fortschreitenden Dementia sich eingestellt haben die Prognose höchst traurig sei."

Trotzdem dass bei längerem Bestehen einer gestörten Blutzufuhr allerlei Veränderungen in den umgebenden Gehirnbezirken entstehen (Erweichungen etc.), so sind doch in frischen Fällen immer noch Heilungen vorgekommen.

Man kann allerdings nicht mit einem bestimmten Procentsatze für diese Behauptung in die Schranken treten, aber ich glaube, es genügt auch schon, wenn man überhaupt sagen kann, es sind auch selbst in diesem dritten Stadium noch Heilungen erzielt worden. Ausser den von Steenberg, Knorre, Ljunggreen, Goodwin, Leidesdorf und Flemming mitgetheilten Fällen, habe ich selbst auch einzelne erlebt, wie schon an einer andern Stelle angegeben ist*). Desshalb sollte man sich unter keiner Bedingung durch die

---

*) Am Schlusse dieser Arbeit will ich einige kurz skizziren, da ich ganz ausführliche Krankheitsgeschichten nicht mehr besitze.

obige trübe Prognose abhalten lassen, weitere Curversuche zu
machen und sollte selbst, wenn alle bisher bekannten Methoden
durchversucht sind, selbst vor einem neuen bis dahin noch nicht
angewendeten Mittel nicht zurückschrecken.

Es wäre allerdings sehr wünschenswerth, einen Grenzpunkt zu wissen in diesem Stadium, über welchen hinaus man sich gar keiner Hoffnung
mehr hingeben darf, aber die Zahl der geheilten Fälle ist im Ganzen
zu gering und ausserdem die Darstellung zu unbestimmt, die Aufzählung der Symptome zu schwankend, so dass man davon eine allgemeine
Regel nicht abstrahiren kann. — Es würde in manchen Fällen schon
genügen, wenn eine Heilung doch nicht zu erwarten ist, dass man
wenigstens einen Stillstand der Symptome erzielte und vielleicht
den Kranken in einem Zustande erhielte, wo es möglich wäre, denselben aus der Irrenanstalt zurück zu nehmen und ihn in der Familie
zu verpflegen. Wie mancher Familie würde dadurch schon ein
grosser Gefallen geschehen, wenn es möglich gemacht werden könnte,
dass ein Familienglied oder gar das Familienoberhaupt seine letzten
Lebensmonate und namentlich seine letzten Lebenstage in der Familie zubringen könnte.

So lange also noch nicht alle Zeichen ganz bestimmt g e g e n die
Möglichkeit einer Besserung sprechen, bin ich mit Entschiedenheit dafür, die Cur·bis zum Aeussersten fortzusetzten und Alles zu versuchen,
wovon überhaupt ein Erfolg zu erwarten ist.

Bezüglich der Prognose „quoad vitam“ lassen sich die Fälle
des dritten Stadiums in zwei Categorien eintheilen, und zwar (a) in
solche, wo der Verlauf c h r o n i s c h ist, und die Kranken selbst,
nachdem das dritte Stadium deutlich hervorgetreten ist, immer noch
5—6 Jahre in einer ziemlich günstigen Verfassung leben können, wenn
nicht allenfalls aussergewöhnliche Verhältnisse oder Complicationen in der Lunge (Hypostase), der Haut (decubitus) und in der Harn·
organen (Uraemie) das Ende beschleunigen — und (b) in solche,

wo der Verlauf a c u t, *sogar sehr acut ist,* so dass in einigen Monaten, höchstens in einem halben Jahre der Tod erfolgt. Gewöhnlich häufen sich in solchen Fällen die vom Gehirn ausgehenden s. g. Schlag-Anfälle in rascher Aufeinanderfolge, der Kranke ist dann oft längere Zeit bewusstlos, nimmt keine Nahrung zu sich und schlingt nicht einmal, wenn auch die Nahrungsmittel ihm in den Mund gebracht werden. In einem solchen Falle, wo man den Kranken auf keine Weise zur Annahme der Nahrung mehr veranlassen konnte und, wo man nach einer mehrtägigen völligen Abstinenz kaum mehr an eine Besserung denken durfte, habe ich noch zur künstlichen Ernährung 'meine Zuflucht genommen. Es wurden dem Kranken auf diese Weise Champagner, Ammoniak, Bouillon etc. beigebracht und so das Leben noch einige Tage gefristet. Es kann unter gewissen Verhältnissen eine solche künstliche Prolongation für die Angehörigen noch ein Gewinn sein, ' der Kranke hat natürlich Nichts mehr davon. —

Zum Schlusse theile ich noch einige Skizzen solcher Fälle luëtischer Psychosen mit, die unter dem Bilde der „Paralysie générale progressive" verlaufen und in Genesung übergangen sind.

Die ersten 7 stammen aus meiner eigenen, die letzten 8 aus fremder Beobachtung her.

1) A. B., 29 Jahre alt, Kaufmann — angegriffen — gleicht eher einem 50jährigen Mann — Zerstreutheit im Verkehr mit dem Publikum — Abnahme des Gedächtnisses — machte grosse Fehler beim Rechnen — bezahlte manche Rechnungen mehrmals, dann vergass er kleine Sachen abzumachen z. B. im Kaffeehaus, — liess bald den Ueberzieher liegen, bald den Regenschirm, bald die Handschuhe — reizbar und bei Lappalien sehr heftig — rechte Pupille grösser — Zittern der Lippen beim Sprechen — er lächelt wie blödsinnig vor sich hin — Puls 82 — urinirte hier im Hotel in's Bett — ging unsicher bei geschlossenen Augen — fiel beim raschen Drehen nach der linken Seite — Narben der Inguinaldrüsen — interessirt sich für Nichts — sein Gedächtniss ist so schwach, dass er nicht einmal die Orte angeben kann, die er heute passirt hat — Intelligenz eines Kindes — keine Erblichkeit — in der Schule der beste — mit 19 Jahren Infection — eiternde Bubonen — 9 Jahre blieb er aber gesund. — Vor einem Jahre nächtliche Knochenschmerzen, dann Kopfschmerz bis zur Betäubung in Stirn und Schläfe — es wurde Rheumatismus diagnosticirt und Dampfbäder mit Electricität angewendet, die Schmerzen linderten sich Etwas, aber die Intelligenz nahm noch mehr ab — eines Morgens Ptosis und Strabismus — Decoct. Zittmanni — Jodkalium in steigender Dosis — ohne Erfolg — Schmiercur — vollständige Genesung.

2) B. F., 35 Jahre alt, Assessor — keine erbliche Anlage — gutes Fassungsvermögen — auf der Universität ein ulcus — das leichtfertig durch äussere Mittel behandelt wurde — gutes Examen — rasche Beförderung — als Assessor verbeirathet — gesunde Kinder — stets gesund — kam eines Tages krank nach Hause und klagte über herumziehende Schmerzen, die man für rheumatisch hielt, weil er auf einem feuchten Bureau arbeitete — Badecur mit warmen Bädern — Symptome geistiger Schwäche — vergass oft zu bezahlen — verwechselt Hut und Stock — kann sich in den Strassen und im Hotel nicht zurechtfinden — irrt sich im Geldzählen — Schwindel — in letzter Zeit hatte er zu Hause mit richterlichen Urtheilen nicht fertig werden können — bei einer Untersuchung stellte sich heraus, dass die Intelligenz und das Gedächtniss gelitten hatten, dass die Sensibilität gestört und die Motilität auch unsicher war — Badecur — ein Streit an der Spielbank brachte die Sache zur Evidenz — er gab selber zu, dass er geistig nicht mehr so klar sei, wie früher — lief mit dem Postwagen um die Wette — Grössenideen bezüglich seiner körperlichen, später seiner geistigen Kräfte und zuletzt seines Vermögens — linke Pupille grösser — Halluciuationen des Gehörs — fibrilläres Zittern der Zunge — erschwerte Sprache — konnte keinen Brief mehr schreiben — grossartige Unternehmungen und Speculationen — reproducirte nicht mehr die Eigennamen, welche er täglich hörte — konnte ihm sonst geläufige Namen nicht nennen — glaubte eines Tages die Nase verschwinde ihm, zog mit beiden Händen daran vor einem Spiegel und schrie fürchterlich — warf alle Möbel hinaus, weil er glaubte goldene Möbel zu bekommen — Strabismus convergens links und Ptosis des halben Auges — deshalb Jodkalium in steigender Dosis — nach 4 Unz. Strabismus beseitigt — Grössenideen sehr vermindert — nach 8 Unz. der erste gute Brief, zur Beschleunigung der Cur noch Sublimat-Injectionen — nach ³/₄jährlicher Cur genesen in seinen Dienst zurück — blieb ohne Rückfall.

3) R. Z., 35 Jahre alt, Kaufmann, wurde als Paralytiker hierhergeschickt — machte finanzielle Thorheiten — keine Erblichkeit — gute Fassungsgabe in der Schule — gutes Gedächtniss — als Einjähriger in Berlin inficirt — Lazareth — allerlei secundäre Symptome in nächster Zeit — verheirathet nach seiner Entlassung — gesunde Kinder — nach zwölf Jahren Abnahme des Gedächtnisses, zu der sich Abnahme der Intelligenz gesellte — trotz verschiedener Curen rapider Verlauf — Selbstüberschätzung, Störung der Sensibilität und Motilität — hing nach der rechten Seite — warme Bäder — plötzlich Aphasie, die allmählich zunahm — zunehmende Unfähigkeit richtig zu schreiben — Diagnose Syphilis — Jodkalium in steigernder Dosis — Tägliche Einreibungen der rasirten Schläfengegend mit Ung. hydrargyrsi ein. — Tophus auf dem Brustbein — vollständige Heilung.

4) M. R., 32 Jahre alt, Buchhändler — keine Erblichkeit — guter Schulunterricht — gute Befähigung — diente als Freiwilliger — Infection — energische Behandlung, aber doch bald nachher Rachengeschwüre — verheirathete sich desshalb nicht — sondern brauchte beständig allerlei Curen gegen Leberleiden, Plethora etc. — 10 Jahre nach der Infection Melancholie — fürchtet sein Geschäft nicht führen zu können, sondern bankerott zu gehen — nach einem halben Jahre Kopfschmerz, der ihn besonders Nachts quälte — heftige Aufregung — Grössenideen — glaubte einen

colossalen Verlag zu haben, will mit jedem Schriftsteller Bekanntschaft machen, schreibt alle mögliche Offerten und bittet um Verlagsartikel — bietet entsetzlich hohe Honorare — projectirt ganz tolle buchhändlerische Unternehmungen — plötzlich Ptosis und Strabismus linkerseits — womit sich der Character des Leidens klar stellt — Kali hydrojodicum ohne wesentlichen Erfolg — Abnahme der Intelligenz und des Gedächtnisses — vergisst die gewöhnlichsten Dinge — schreibt ohne Zusammenhang und mit vielen Fehlern — Schmiercur besserte ihn, aber erst die Verbindung beider Mittel heilte ihn.

5) D. S., russischer Offizier, 35 Jahre alt — hatte sich vor 10 Jahren inficirt — blieb gesund bis vor 2 Jahren, wo reissende Kopfschmerzen eintraten — Gemüthsverstimmung — Jodkalium und Zittmann, aber ohne Erfolg — darauf Lähmung einzelner Nerven, facialis, oculomotorius, trigeminus (Anästhesie des Gesichtes) — Schmiercur — bedeutende Besserung — dann Anfall von Grössenideen mit furchtbarer Selbstüberschätzung — heftige Aufregung — nach deren Ablauf Abnahme des Gedächtnisses und der Intelligenz — Jodkalium', Schmiercur, Genesung — nach 1½ Jahren ohne besondere Veranlassung Apoplexie und Tod ohne Section.

6) A. v. R., 25 Jahre alt, Adjutant — litt an heftigen Kopfschmerzen, Schlaflosigkeit und Verstimmung — wurde nach dem Süden geschickt, wo sofort Apoplexie mit halbseitiger Lähmung eintrat. — Nach Beseitigung derselben, einzelne Nerven gelähmt, oculomotorius und opticus -- acuter Anfall von Aufregung — Grössenideen — Selbstüberschätzung — Ideenflucht — nach einem halben Jahre ruhiger — aber geistige Schwäche und Abnahme des Gedächtnisses — es stellte sich heraus, dass vor 10 Jahren eine Infection stattgefunden hatte — Jodkalium ohne Erfolg — Schmiercur, Besserung — Rückfall von Lähmung — abermals Schmiercur mit Jodkalium — Genesung.

7) J. R., 1826 in Schlesien geboren. — Keine Erblichkeit. — Gute geistige Entwicklung — etwas Eitelkeit — verkehrte viel mit dem andern Geschlecht — In den Jahren 1850—52 wiederholte syphilitische Ansteckung — dann vielerlei s. g. rheumatische Affectionen, die sich bald in den Gelenken bald an anderen Stellen der Extremitäten zeigten — heftige Kopfschmerzen — Tophus am Stirnbein, der nach Jodkalium schwand. — Im Herbste 1861 (also nach 11 resp. 12 Jahren) heftiger Schwindel und schwankender Gang — fällt sehr oft hin, mit starkem Kopfschmerz in der Stirne. mit grosser Uebelkeit und auch wirklichem Erbrechen, mitunter soll auch Fieber dabei gewesen sein. — Der Arzt befürchtete Apoplexie und verordnete Blutentziehung, die aber nicht befolgt wurde. — Wurde darauf ins Krankenhaus zu Minden (Westphalen) aufgenommen, es bildete sich eine vollständige Lähmung des linken Armes und Parese des rechten Beines aus. — Macht gegen Alles Opposition. Eine unternommene Zittmannsche Cur musste seines Eigensinnes wegen wieder aufgegeben werden. — Seine Zerstreutheit und Grossthuerei nahmen immer höhere Dimensionen an. — Grosses Misstrauen gegen seine Umgebung — Allmählich schlug dieses um und es zeigte sich mehr Gedankenlosigkeit, Gedächtnissschwäche und eine ganz unmotivirte

ausgelassene Heiterkeit. — Plötzlich hielt er sich für einen Baron, renommirte furchtbar, war aber über seinen Aufenthalt vollständig unklar — behauptete trotz allen Widerspruchs seiner Umgebung im Militärlazareth seiner Vaterstadt (in Schlesien) zu sein — dann glaubte er auch an anderen Orten zu sein, in welchen er im Laufe der Jahre gelebt hatte. — Er verlor immer mehr den Maassstab für die Entfernung dieser ihm wohlbekannten Städte — so wollte er in 12 Stunden von Minden nach Oberschlesien reiten. In dem Hospitale nahm die Lähmung des linken Armes allmählich ab und sein Gang wurde fester und sicherer — auch sein geistiger Zustand und sein Gedankengang besserten sich. Das Gesicht war etwas aufgedunsen. Dagegen wurde sein Gedächtniss immer schwächer. — Er vergass oft, dass er seine Mittagsmahlzeit genommen habe, verlangte eine zweite Mahlzeit mit der bestimmten Versicherung, noch nicht gegessen zu haben. Was ihm in der einen Stunde begegnete, vergass er in der anderen. Aus dem Krankenhause entlassen, trank er Abends gewöhnlich 6—8 Seidel Bier, behauptete dann immer nur eins getrunken zu haben und fing mit dem Kellner deshalb Streit an. — Durch die geringfügigsten Dinge konnte er plötzlich in die heftigste Aufregung, sogar in Wuth verfallen. Eines Tages wurde er durch eine Lappalie gegen seinen Geschäftsführer so sehr in Wuth versetzt, dass er mit einem Messer auf ihn losging und ihn verwundete. Er glaubte schon soviel zurückgelegt zu haben, dass er ohne Sorgen leben könne.

Diese Auftritte hatten zur Folge, dass er in die hiesige Anstalt übergesiedelt wurde, wo er am 21. Sept. 1862 ankam (36 Jahre alt). Pat. ist von kräftiger untersetzter Statur. Gewicht 137 Pfd. hat gar keine Einsicht in seine Krankheit, will beständig fort — vergisst alle Verordnungen — von allen Lähmungen ist noch die des R. facialis übrig geblieben — hat kein Interesse für irgend eine Beschäftigung, liest kaum etwas in der Zeitung — liegt viel im Bett oder sucht alle mögliche Instrumente, Nägel etc. zusammen, um fortzukommen. Ist zu keiner Unterhaltung fähig, spricht nichts anderes, als man solle ihm zu essen geben, er habe noch nichts bekommen, wenn auch erst vor 1/4 Stunde die Mahlzeit gehalten worden, und man möge ihn entlassen. Colossale geistige Schwäche in der Zunahme — und Abnahme des Gedächtnisses, braucht die Dzondische Sublimatcur. — Sein Gewicht steigt allmählich auf 140, 144 und im December sogar auf 148 Pfund. Allmählich erholte sich sein geistiger Zustand und auch die Gedächtnissschwäche schwand mehr, so dass er am 11. Mai 1863 nach 8 monatlicher Cur ziemlich gebessert in die Heimath entlassen wurde.

Lange Jahre habe ich nichts mehr von ihm gehört, bis ich im Herbste 1876 (also nach mehr als 13 Jahren), wo er mit dem Gerichte in Conflict gerathen war, wieder Nachricht über ihn erhielt. — Er war jetzt 50 Jahre alt, der Gerichtsarzt schreibt mir am 9. November 1876 über denselben: „Der J. R. befindet sich körperlich ganz wohl, hat keinerlei Lähmungen, ist gut genährt, bietet überhaupt das Bild eines körperlich gesunden Menschen."

„Psychisch ist er nicht gesund. Er gilt schon bei den Aufsehern für etwas verrückt. Zunächst ist sein Gedächtniss sehr schwach, er verlegt z. B. seinen

Aufenthalt in Bendorf in eine Zeit vor 2 Jahren — auch seine Beurtheilung ihm bekannter Entfernungen ist abnorm schwach. Er will nach Copenhagen, wenn er hier entlassen wird, schätzt die Entfernung 10 Meilen weit und glaubt in einem Tage zu Fuss hinzukommen." — Er ist nach seiner Entlassung aus der Irren-Anstalt stets herumgezogen, wie er sagte um sein Recht zu suchen. — Man braucht nur 5 Minuten mit ihm zu sprechen, so hat man den Eindruck, dass man es mit einem überspannten Menschen zu thun hat. — In einer Verhandlung, die mit ihm am 15. October 1876 in Straussberg (Reg.-Bez. Potsdam) aufgenommen wurde, hat er alle Angaben über seinen Lebenslauf ziemlich richtig gemacht, so dass man annehmen kann, die Schwäche seines Gedächtnisses sei wieder ziemlich beseitigt.

8.

U. C. T., 37 Jahre alt, gewöhnlicher Wuchs, ziemlich gut genährt. Vor 13 Jahren Coitus mit syphilitischem Manne, blieb ohne sichtbare Zeichen der Infection. Vor 9 Jahren 3—4 monatlicher Abortus. Vor 6 Jahren gebar sie ein lebendes, gesundes Mädchen, welches immer gesund blieb. Vor 2 Jahren angeblich gastrisches Fieber (?) zugleich Halsschmerzen, Vereiterung der Uvula und Geschwür an der rechten Seite des Halses. Nicht specifische Behandlung. Schwindel, Ohrensausen, Kopfschmerzen bei Tag, nicht bei Nacht, Blutungen aus der Nase, krampfhafte Zuckungen in der linken Wange und Auge, Doppelsehen, nachher Schlingbeschwerden, und periodisches Erbrechen; später Verstopfung, convulsivische Anfälle mit Bewusstlosigkeit, krampfhafte Zuckungen in den oberen Extremitäten. Diese Anfälle häufig stündlich ohne Vorboten. Kal. jodat. unvollständige Einreibungscur 3 Monat lang. Dauer der cerebralen Symptome ein Jahr. Verschlimmerung bald nachher, Convulsionen, Kopfschmerz, schwerfällige Sprache, Schwächung des Denkvermögens, dann Heilung durch Inunction 32 Mal à 5 Gramm mit grossen Dosen Kal. jodat. und nachher Kaltwasserbehandlung.

(A. Ljunggreen. Archiv für Dermatologie u. Syphilis 1871. III. Jahrg. 3. Heft.)

9.

H. 30 Jahre alt. Seit 3 Jahren Syphilis constit. Behandlung unbekannt. Nach 3 Jahren Gedächtnissschwäche, Gleichgültigkeit, Schwindel, nächtlicher Kopfschmerz. Nachher Parese des linken Beines, allgemeine Mattigkeit, heftiger Brechanfall und darauf bedeutende Prostration. Rechte Pupille stärker erweitert. Eine Woche nach dem ersten Anfall ein zweiter. Beim Schlingen Erstickungsnoth. Zweimonatliche Quecksilbercur, gebessert nach einem halben Jahr. Genesung bis auf geringe Schwäche im linken Bein.

(W. Goodwin the Lancet Nr. 3. Juli 1862.)

10.

X., 40 Jahre alt, Soldat. Mehrere Male syphilitisch. Vor 3 Jahren Knochenauftreibungen am Schädel, die durch Mercur heilten, die Kopfschmerzen hielten an — zuletzt mit Mercur behandelt. Nach? Zeit post. prim. infect. Kopfschmerzen, Zittern im linken Bein, Grössenwahn, apoplektiforme Anfälle. Nach Ablauf von 3 Jahren Dementia. Manchmal an einem Tage 100—150 epileptische Anfälle. Lähmung der Zunge, des rechten Beines bei erhaltener Sensibilität Nach den Anfällen vorübergehende Lähmungen des linken Armes, rechtseitige Ptosis, Schiefstellung der Zunge nach links; dann erschien Exostose am rechten Seitenwandbein. Kal. jodat. 5 Monate lang (im Ganzen 5½Unzen) vertrieben die psychischen Erscheinungen; von den übrigen blieb die Lähmung in den Beinen auch während weiteren 5 Monaten unter Gebrauch von Kal. jodat.

(Leidesdorf Wiener Zeitschrift 1864.)

11.

X., 30 Jahre alt. Vor 6 Jahren Ulcus praeput. und eiternder Bubo, Entziehungscur, nach 3 Jahren Tophi am Kopf. 4½ Jahr post. infect. Schielen des rechten Auges und Doppeltsehen. Decoct Zittmanni beseitigt diese Erscheinung. Recidiv nach 1½ Jahren bestehend in indifferenter Stimmung, Abnahme der Intelligenz, des Gedächtnisses. Sprache langsam und undeutlich, Verwechslung der Wörter, Paresis der rechten Extremitäten und des N. facialis. Uvula nach rechts, Abducenslähmung rechterseits. Faeces und Urin gehen mitunter unwillkürlich ab. Puls 56, weich. Die Inunction 10 Tage', dann wurde sie wegen Beklemmung. Diarrhoe etc. ausgesetzt, darauf entstand Salivation, welche 1 Jahr lang anhielt. Patient war geheilt und ist es nach 3 Jahren noch.

(Knorre. Deutsche Klinik.)

12.

Y., 46 Jahre alt. Seit 2 Jahren constitutionelle Erscheinungen. Behandlung unbekannt. 1½ Jahr etwa post. infect. Kopfschmerz, Schwindel, Uebelkeit, Lähmung und Taubheit in den linken Extremitäten, Abnehmen des Sehvermögens, linke Facialislähmung. Indolenz, Verlust des Gedächtnisses, Undeutlichkeit der Sprache, Blässe und grosse Abmagerung. Kal. jodat. und kräftige Kost 2 Monate lang. Heilung.

(Knorre. Deutsche Klinik.)

13.

Sophie W., 48 Jahre alt, verheirathet. Vor 14 Jahren zuerst syphilitisch durch den Mann angesteckt. Angina und Ulcerationen am Muttermund und äusseren Genitalien. Behandlung mit Calomel. Heilung der Symptome. Dann vor 6 Jahren tuberculöses Syphilid, welches nach Kal. jodat. verschwand. Es entwickelte sich allmählich Harthörigkeit, sonst keine Erscheinungen. 14 Jahre post. infect. Stirn- und Schläfenanschwellung', Erbrechen, Schwindel, Verdunkelung des Gesichts, allmälig sich entwickelnd. Innerhalb eines Monats gesellen sich epileptische Anfälle hinzu. Kribbeln und Schwäche in der linken Körperhälfte, Schwere in den Beinen, Gedächtniss und Intelligenz geschwächt. Behandlung mit Sublimat, 15½ Gran, machten die Lähmungserscheinungen und Epilepsie etc. verschwinden, nur ermüdete sie beim Gehen sehr leicht und hatte die Neigung bei langem Stehen zu fallen. Nach 6 Monaten steigerten sich diese Erscheinungen wieder (Schwindel, Erbrechen), aber nicht die Lähmungen; Stuhlverstopfung war vorhanden, auch war Pat. schwerhörig. Kal. jodat. besserte den Zustand etwas und dann wurde sie auf ihren Wunsch entlassen.

(Steenberg.)

14.

A. S., 29 Jahre alt, Kaufmann. Vor 3 Jahren Ulc. indurat. durch Mercur beseitigt. Ein Jahr nachher Kopfschmerz, Schlaflosigkeit, Nervosität, dagegen Kaltwassercur, bald nachher apoplectischer Anfall, rechts erweiterte Pupille und Schielen auf dem rechten Auge bleibt zurück. ¾ Jahr nachher wieder Anfall, nach diesem ½ Jahr nachher weiterer Anfall mit Delirium und Facialisparese (Ferr. jodat.). Dann im Laufe einiger Monate mehrere Anfälle, schliesslich mit halbseitiger Lähmung und simplem Wesen. Behandlung etwa 2 Monate mit Inunction und Kal. jodat. innerlich. Heilung.

(Dr. Braus.)

15.

Sabina T., 36 Jahre alt. Vor 1 Jahr Ulcus an lab. minus, wurde örtlich behandelt. Nach 1 Jahr Verwirrung der Gedanken, Schwäche des Gedächtnisses, Schwindel. Bewusstlos wurde sie aus der Stadt in's Spital gebracht mit einer frischen Wunde am Hinterkopf. Nach einigen Tagen kehrte das Bewusstsein zurück. Parese des linken Gesichts. Ptosis und Erweiterung der linken Pupille und Lähmung der rechten Körperhälfte. Zunge schwer beweglich, wird nach rechts herausgestreckt. Das Gedächtniss stellt sich theilweise wieder her, auch die Intelligenz, aber nicht verliert sich die Hemiplegie. Sensibilitätsstörungen waren nicht vorhanden. Nach etwa 6 Wochen wurde erst Kal. jodat. verordnet. Kal. jod. mehrere Monate beseitigte ziemlich alle Symptome. Recidiv nach etwa 2 Monaten, nachdem Patientin häufig sich betrunken und liederlich gelebt hatte, eines Tages nach einem Rausch Lähmung des rechten Arms, der Zunge, Pupillen reagirten kaum, Urin ging unfreiwillig ab. Das Gesicht war ganz schlaff. Schröpfköpfe und Derivantien ohne Nutzen, dann nach 4 Wochen Kal. jodat. Nach 4 monatlichem Gebrauch Besserung der Lähmung, das Gedächtniss blieb geschwächt.

(Steenberg.)

Die Therapie *)

hat die Behandlung der constitutionellen Erkrankung innerer Organe ins Auge zu fassen und Alles dasjenige zur Anwendung zu
bringen, was die neuere Wissenschaft als wirksam kennen gelernt;
sie hat aber auch ausserdem noch mit einem anderen Factor zu
rechnen, das ist die mit der constitutionellen Erkrankung verbun-
dene und auf ihrem Boden entstandene geistige Störung.

---

*) Es war eigentlich meine Absicht, die Therapie der luëtischen Psychosen jetzt
noch gar nicht ausführlich zu besprechen, da die Ansichten über viele Punkte
noch gar zu sehr auseinander gehen, und namentlich die Rücksichten, welche man
auf die Psychose zu nehmen hat, noch viel zu wenig geklärt sind. Aus diesem
Grunde hatte ich auch in der ersten Auflage den Abschnitt über die Therapie
ganz herausgelassen.

Die Bemerkungen einzelner sehr genau eingehender Kritiker der ersten
Auflage jedoch, die diesen Ausfall besonders bedauern, haben mich in dieser zweiten Auflage bestimmt, diese Lücke auszufüllen, so dass die Unterlassungssünde
wie der Herr Referent gewünscht hat, in dieser neuesten Auflage wieder gut
gemacht ist. Ich habe aber selbstredend mich darin nicht auf eine kritische
Besprechung der ganzen Therapie eingelassen, sondern nur an das gehalten, was
ich selbst aus eigener Beobachtung habe schöpfen können. — Die erneute ausführliche Beschäftigung mit den luëtischen Psychosen hat mir übrigens die Ueber-
zengung beigebracht, dass man früher viel zu wenig auf die Luës als ätiologi-
sches Moment der Psychosen Rücksicht genommen hat und dass eine Reihe
von Krankheitsfällen ungeheilt geblieben ist, weil man eben auf die Luës
nicht Werth genug gelegt und die luëtische Psychose als solche nicht recht-
zeitig erkannt hat.

Dieselbe wird je nach der Form und dem Inhalt der krankhaften Vorstellungen sich in dem einen Falle mehr, in dem andern weniger als störendes Hinderniss zeigen, wird mitunter gar nicht die Cur influiren, dann aber auch wieder die Durchführung derselben ganz unmöglich machen, so dass an eine antiluëtische Behandlung gar nicht gedacht werden kann. Hierhin gehören vor allen Dingen krankhafte Besorgnisse, dass eine antiluëtische Cur nachtheilig auf den Körper wirke, welcher Ansicht man so oft auch bei geistig ganz gesunden Personen begegnet, die sich ohne Widerstreben und sogar ohne sehr heftige Opposition ganz sicher nicht einzelnen Manipulationen der Cur unterziehen würden, und alle aus diesen Besorgnissen hervorgehenden krankhaften Vorstellungen.

 Es gehören ferner hierher, die aus einer allgemeinen Gleichgültigkeit hervorgehenden Vernachlässigungen aller derjenigen Vorschriften, welche erforderlich sind, um die eingreifenden Curen so wenig als möglich nachtheilig zu machen.

Kranke, welche überhaupt keine Sorgfalt auf die Reinlichkeit ihres Körpers mehr verwenden, sind sehr schwer dazu zu bewegen, auch nach dieser speciellen Richtung hin sorgfältiger zu sein und lassen, in ihrer Indolenz Alles gehen wie es gerade kommt, ohne Rücksicht darauf, dass einzelne Zustände, die sie leicht bei einiger Sorgfalt hätten vermeiden können, üble Folgen für ihre Gesundheit nach sich ziehen werden.

Bei der Darlegung meiner therapeutischen Erfahrungen, werde ich nicht die Therapie der einzelnen Stadien behandeln, sondern um eine bessere Uebersicht zu geben, die einzelnen Mittel, welche sich am Meisten bewährt haben, der Reihe nach durchgehen.

Es sind dies vor allen Dingen
1) das Jodkalium;
2) die Quecksilberpräparate und zwar erstens die subcutan angewendeten verschiedenen Quecksilber-Präparate,

dann zweitens die **innerlich** dargereichten Quecksilber-Präparate und drittens das in die Haut **eingeriebene** Quecksilber (unguentum cinereum) oder die Schmiercur;

3) die verschiedenen Bäder;

4) die verschiedene Combination dieser Mittel.

Das Mittel, welches die meiste Anwendung verdient, weil es
in den meisten Fällen am Meisten leistet, und das am wenigsten
durch Contraindicationen beschränkt werden muss, ist

1. Das Jodkalium.

Es ist selbstredend, dass wenn man in hartnäckigen Fällen
einen Erfolg von diesem Mittel haben will, man es nicht in zu
kleinen Dosen geben darf und dass es auch lange genug fortgesetzt
werden muss.

Bei den gewöhnlichen Dosen hört man gar zu oft sagen, „von
dem Jodkalium habe ich auch Nichts gesehen," und man lässt sich
dann gar zu leicht bestimmen, das Mittel zu verlassen, um zu einem
andern überzugehen, welches die Constitution schon viel mehr
angreift.

Wenn man mit kleinen Dosen voran kommt und Besserung
erzielt, bin ich der Ansicht, auch bei diesen kleinen Dosen zu bleiben. Macht die Cur aber einen Stillstand und will nicht weiter,
so bin ich entschieden dafür, allmählich in die Höhe zu gehen und
sich von ungewohnten Dosen nicht zurück schrecken zu lassen.

Ich habe sehr viele Kranke behandelt, wo ich ohne alle üble
Nebenerscheinungen 3 gramm Jodkalium pro dië gegeben habe;
ich habe aber auch zahlreiche Fälle genesen sehen, wo ich bis zu 10
gramm pro dië steigen musste. Ich hebe das ganz besonders hervor für
diejenigen Collegen, welche vor einer solchen Dosis zurückschrecken.

Die einzigen Nachtheile, welche bei so hohen Dosen entstehen können, sind die *eatarrhalischen Erscheinungen in den verschiedenen Schleimhäuten der Digestionsorgane und in den Auskleidungsmembranen der verschiedenen Knochenhöhlen*, sowie die *Entwickelung einzelner Jodexantheme auf der Haut* (meistens Acne).

Zunächst tritt heftiger sogar mit Schmerz verbundener Magencatarrh ein, der den Appetit reducirt und den Kranken dadurch mitunter körperlich sehr herunter bringt. Ich habe gesehen, dass Kranke, die sich bei dieser Cur geistig sehr vortrefflich entwickelten, körperlich durch Magencatarrh und dadurch bedingte mangelhafte Ernährung so herunter kamen, dass sie allein zu gehen nicht mehr im Stande waren, dass sie an den Wänden sich fortschleppen mussten, weil sie nicht mehr Kräfte genug besassen, allein zu gehen. Dass die Kranken durch solche Erschöpfung leicht ängstlich werden und sich gegen die Fortsetzung der Cur opponiren, ist leicht erklärlich. Ebenso macht der catarrhus intestini leicht Diarrhoe und in deren Folge tritt ebenfalls Schwäche und körperliche Reduction ein. Wenn der Catarrh die Stirn- und Higmorshöhlen befällt, tritt oft so heftiger Kopfschmerz ein, dass die Kranken ganz verkehrt und aufgeregt werden, und dass sie die heftigste Opposition gegen den Fortgebrauch des Mittels machen. Kommen derartige Zustände bei Personen vor, die früher den Spirituosen stark zugesprochen haben, so kann sich auch ein starker T r e m o r entwickeln, gerade wie beim Delirum, der mit dem Aussetzen des Jodkalium gewöhnlich rasch wieder verschwindet.

Wenn man übrigens bestimmte Vorsichtsmassregeln bei der Darreichung des Jodkaliums consequent anwendet, so kann man doch die unangenehmen Folgen sehr vermindern. Unter solchen Verhältnissen wirkt dann das Mittel gar nicht störend auf die Verdauung und Ernährung; ich habe sogar in einem Falle die Beobachtung gemacht, dass bei länger fortgesetztem Gebrauche schon ziemlich hoher Dosen das Körpergewicht in einer Woche 10 Pfund zugenommen hat. Die Vorsichtsmassregeln, welche ich anwende und die sich mir sehr bewährt haben, sind folgende:

a. Die Einzeldosen müssen sehr gering genommen und sehr verdünnt werden.

b. Es wird vorher und nachher eine grössere Portion Wasser getrunken, und selbst nach den Mahlzeiten erst die Arznei genommen. Wenn man statt des gewöhnlichen kalten Wassers vor, mit und nach der Arznei lauwarmes Wasser, oder irgend einen dünnen Theeaufguss trinken lässt, so ist der Erfolg noch besser. Ich hebe das hier besonders hervor, auch mit Rücksicht auf die verschiedenen Brompräparate, die ebenfalls in grösserer Verdünnung weniger Nachtheile bringen.

c. Wenn das Alles aber nicht den gehörigen Erfolg hat, so ist das Beste: das Jodkalium wird in einem starken Infusum. rad. Calami genommen, wodurch der nachtheilige Einfluss auf den Magen sehr schwindet und es gar nicht zur nochmaligen Ausbildung eines Magencatarrhs kommt.

Seitdem ich diese Vorsichtsmassregeln in Anwendung bringe, ist es gar nicht mehr zu unangenehmen Folgezuständen gekommen, und ich habe das Jodkalium ohne alle üble Nebenerscheinungen lange Zeit hindurch darreichen können.

Da von verschiedener Seite die unangenehmen Folgen des Jodkalium auf Rechnung des Kalium gebracht werden — da sich auch bei verschiedenen Versuchen mit Bromkalium, dessen Einfluss ungünstiger zeigte, als der des Bromnatrium — so habe ich auch bei luëtischen Psychosen das Jodnatrium mit dem Jodkalium in einzelnen Fällen vertauscht, ich kann aber nicht behaupten, dass ich mich dabei besser gestanden hätte.

8

Einmal habe ich nicht die günstigen Erfahrungen der Jodbe-
handlung wahrgenommen, wie ich sie bei dem Jodkalium beobachtet habe, dann aber auch blieben doch nicht alle unangenehmen Erscheinungen, die ich oben geschildert habe, aus, so dass man doch
nicht annnehmen kann, alle oben aufgeführten Nachtheile des Jodkalium seien auf alleinige Rechnung des Kaliums zu setzen.

In dem Stadium der luëtischen Psychosen, welches ich oben
als das erste geschildert habe, bin ich stets mit dem Jodkalium
ausgekommen, wenn nur die gehörige Dosis angewendet wurde.

In vielen Fällen des II. Stadiums habe ich ebenfalls mit dem
Jodkalium Heilung erzielt, besonders wenn die schlimmen Erscheinungen durch Erkrankungen des Knochens hervorgebracht wurden,
in vielen anderen habe ich dagegen zu dem Quecksilber übergehen
müssen, das entweder für sich oder in Combination mit anderen
Mitteln zur Anwendung gekommen ist.

Aus dem III. Stadium erinnere ich mich eigentlich keiner
ausgebildeten und deutlich ausgesprochenen Fälle, in denen ich mit
dem Jodkalium eine vollständige Heilung erzielt hätte.

In der VIII. Krankheitsgeschichte, habe ich bei der ersten
Aufnahme mit Jodkalium eine Besserung erzielt, die 15 Monate
anhielt, so dass der Kranke alle seine Geschäfte wieder besorgte,
aber wenn auch die Familie darin eine vollständige Heilung er-
blickte, so kann man dieser Ansicht doch als Arzt nicht bei-
treten. Es war nur eine langdauernde Remission.

Ich habe auch noch einen andern Fall beobachtet, der eher
hierher passen könnte. Es lassen sich zwar noch viele Zweifel erheben,
aber ich will ihn einmal in extenso hierher setzen. Die Kritik wird
schon die Zweifel beseitigen und entscheiden, ob man den Fall wirk-

lich als eine luëtische Psychose betrachten kann, ob man ihn wirklich als eine luëtische Psychose im III. Stadium ansprechen darf — und endlich ob man von einer vollständigen Genesung sprechen kann, da nach einigen Jahren schon der Tod durch eine Gehirnkrankheit eintrat. Möglicher und wahrscheinlicherweise ist der Tod durch eine Krankheit des Gehirns hervorgerufen worden, die als Fortsetzung des syphilitischen Gehirnleidens betrachtet werden muss, so dass also doch am Ende nur ein lucidum intervallum eingetreten war, wie bei Krankheitsgeschichte VIII und dass nachher unter stürmischen Symptomen die Krankheit ihren Verlauf fortsetzte. Während dort (VIII) eine heftige Tobsucht mit colossalem Grössenwahn und allen nur denkbaren Excessen auf der Reise (Kutscher- und Schaffner-Prügeleien) die Wiedererkrankung kennzeichnete, lässt sich hier annehmen, dass heftige Meningitis, mit ausgedehntem über die ganze Gehirnoberfläche verbreitetem Exsudate, vielleicht begünstigt durch Insolation — den raschen Tod herbeigeführt hat.

Es müssen also erst noch weitere Beobachtungen darüber abgewartet werden, ob das Jodkalium in dem III. Stadium noch wirklich eine Genesung herbeiführen kann.

D. E., 35jähr. Fabrikant aus dem Regbz. Köln, trat im Frühjahr 1858 wegen Geistesstörung in meine Behandlung. Aus der A n a m n e s e hebe ich Folgendes hervor:

Erbliche Belastung. In seinen jungen Jahren hat er sich vielfachen Excessen in Baccho und in Venere hingegeben und sich zu wiederholten Malen inficirt. Im 30. Jahre verheirathete er sich und nun brachen überall die Erscheinungen der constitutionellen Erkrankung hervor. Geschwüre im Hals, Hautausschläge an verschiedenen Stellen, Knochenauftreibung am Schädel. Vorübergehende Sehstörung, einmal sogar vollständige Erblindung auf einem Auge; eine Untersuchung mit dem Augenspiegel wurde aber damals nicht vorgenommen. Der Hausarzt, der alle diese Symptome auf die constitutionelle Luës bezog, eröffnete eine antiluëtische Cur. In welchen Methoden und in welchen Mitteln dieselbe bestand, ist nicht zu meiner Kenntniss gekommen.

Ein im zweiten Jahre der Ehe geborener Knabe entwickelte sich sehr gut und blieb auch von allen luëtischen Erkrankungen verschont.

In Folge der vielen constitutionellen Erkrankungen, die sich bei dem Patienten zeigten, machte er sich Vorwürfe und glaubte, dass es für seinen Jungen am Besten sei, wenn ihm die Genitalien frühzeitig abgeschnitten würden, damit er von solchem Unglück, wie er es jetzt habe, verschont bleibe. Es war dies so zur fixen Idee bei ihm geworden, dass er verschiedene Attaquen auf das Kind machte und die Frau und ihre Angehörigen die grösste Mühe hatten, solche Scenen zu verhüten. Es gelang nur dadurch, dass der Patient von Hause entfernt wurde.

Er wurde zu diesem Zwecke zunächst einer auswärtigen Heil-Anstalt übergeben. Welche Curen er dort gebraucht hat, ist nicht festzustellen gewesen. Nach einer mehrmonatlichen Behandlung hatte er sich so gebessert, dass die behandelnden Aerzte ihn theilweise für geistig gesund, theilweise aber noch für krank hielten. Die Angehörigen befanden sich in demselben Zweifel. Es wurde darauf aber beschlossen, die Cur noch fortzusetzen und zwar in einer andern Anstalt. Dazu wurde denn die hiesige Anstalt ausgewählt. Auf der Reise hierher wusste er sich schlauer Weise so gut zu halten, dass der Begleiter ganz irre an ihm wurde und ihn auch schliesslich für gesund hielt.

Bei der hier vorgenommenen Untersuchung ergaben sich folgende krankhaften Erscheinungen in seinem psychischen und somatischen Verhalten. Zunächst fällt seine vollständige Uneinsichtigkeit in seine Krankheit auf.

Er ist nicht geistig krank und ist es auch nie gewesen; dass er in eine Anstalt gebracht wurde und dass er sich jetzt hier befindet, beruhe Alles auf Intriguen seiner Familie. — Dann ist er viel zu heiter und aufgeregt, hat nirgends Ruhe; sobald er Morgens erwacht, macht er schon allerlei störenden Lärm, so dass die andern Kranken nicht mehr schlafen können, besonders liebt er es an den Fenstern zu trommeln, zu pfeifen und zu singen, überhaupt seine Muskelunruhe nach Herzenslust gewähren zu lassen. Wenn ihm früh die Fenster geöffnet werden, schreit und singt er hinaus. Am Liebsten geht er Morgens selbst in den Garten, um dort allen möglichen Unsinn mit den Hunden oder mit auf der Strasse vorübergehenden Personen zu treiben.

Ferner zeigte er eine allzugrosse *Zutraulichkeit* gegen alle mit ihm in Berührung kommende Personen. Er fraternisirt mit hochgestellten Personen, ebenso wie mit dem Kutscher, der ihn spaziren fährt. — Dann zeigt er eine allzugrosse Offenheit gegen andere Personen, über seine Geschäfts- und Familiengeheimnisse, die er ganz rückhaltlos ausplaudert. — Grosse Ungenirtheit in seinem ganzen Verhalten, in der Wahl seiner Worte, in dem Ausdruck seiner Gedanken, in seinen Manieren beim Essen. — Grosse Neigung zu schwindelhaften Projecten, bei denen allen er einen colossalen Gewinn herausrechnet, und durch die er sein Vermögen in erstaunlicher Weise vergrössert. — Endlich zeigt er eine Reizbarkeit und Heftigkeit, welche zu den schrecklichsten Wuthausbrüchen führen, wenn ihm nur der geringste Widerspruch entgegentritt. Seine Schwiegermutter fasste er bei einer solchen Gelegenheit hier heftig am Halse und drückte sie gehörig. — Dabei hat er eine grosse Gleichgültigkeit gegen sein Aeusseres, es ist ihm ganz einerlei, ob seine Wäsche und Kleidungsstücke gereinigt sind, ob sein Gesicht und seine Hände gewaschen sind, wenn er ausgehen will; er legt auf Alles dieses nicht den allergeringsten Werth. Es ist ihm ebenso gleichgültig, ob seine Stube proper ist, oder ob sie aussieht wie ein Stall. — Auffallend ist seine grosse Neigung, alle Kleidungsstücke, Möbel, Tapeten, Bilder etc. zu zerstören und zu beschmutzen. Wenn man ihm irgend eine Vorhaltung desshalb macht, so sagt er gewöhnlich, die Sachen sind ja mein und damit kann ich machen was ich Lust habe, oder aber, wenn sie nicht sein sind, ich kann sie ja bezahlen, ich lasse sie repariren und schenke sie meinem Kutscher. — Trieb zu einer Beschäftigung hat er gar nicht. Er bestellte sich bei seiner Ankunft sofort das Lokalblättchen seiner Heimath, aber er liest es niemals.

In körperlicher Beziehung zeigte sich keine deutlich ausgesprochene Lähmung der Extremitäten oder Sinnesorgane. Die rechte Pupille ist etwas weiter als die linke, die Zunge weicht etwas nach rechts ab. Aber die Sprache ist so fliessend, dass man an eine Störung in der Motilität der Zunge gar nicht denkt. Eine Schwäche des Gesichts ist zeitweilig noch vorhanden, so dass er behauptet, nicht lesen zu können. Es wurde desshalb die Untersuchung mit dem Augenspiegel vorgenommen. Dieselbe ergab auf beiden Augen dasselbe Resultat: „die Papille erscheint mit einer wenig ungleichmässigen Begränzung und in gelblich-weissem Teint, vom rothen Augengrund etwas weniger scharf abgegrenzt, wie normal. Die Gefässe sind beiderseits auf der Papille deutlich zu sehen und fällt dabei die starke Anfüllung der Venen auf, denen gegenüber die Arterien nur sehr dünn erscheinen. In dem übrigen Augengrund sind die Gefässe nur um etwa 2 Papillendurchmesser deutlich zu verfolgen, dann gehen sie rasch in dem sehr intensiv rothen diffusen Augengrund unter. Die Gefässe der Retina und die der Choroidea sind dann nicht mehr zu unterscheiden, wie denn auch die Gefässzeichnung der letzteren kaum wahrzunehmen ist." — Nach der Untersuchung dauerte die Mydriasis noch 3 Tage an, während derselben war Patient viel unsicherer auf den Beinen, schwankte beim Gehen viel mehr hin und her. Die Coordination der Bewegungen erschien auffallend mangelhaft. An dem ersten Tage seiner Aufnahme gewogen beträgt das Körpergewicht.145 Pfd. —

Obgleich körperliche Symptome der constitutionellen Erkrankung jetzt nicht mehr 1 achzuweisen sind, so musste ich doch annehmen, dass die früher dagewesenen Erscheinungen die Ursache der Psychose gewesen sind und dass diese noch als Rest übrig geblieben ist. Ich schloss also weiter, dass eine fortgesetzte antiluëtische Cur den Rest der Psychose noch beseitigen würde. Es wurde mit dem Jodkalium begonnen und zwar zunächst 2 Gramm pro diе gereicht. Patient war sehr eigensinnig und verweigerte das als Corrigens gereichte Inf. rad. Calami hinzuzunehmen. Es wurde Nichts anders bei ihm erreicht, als das Jodkalium mit Selterswasser und Wein zu nehmen. Die nächste Folge war, dass Patient die Zeichen des Magencatarrhs darbot und einen grossen Widerwillen gegen das Essen zeigte. Er nahm nur sehr wenig Speisen zu sich, warf das Meiste entweder durchs Fenster oder verschenkte es an andere Kranke. — Sein Gewicht fiel im nächsten Monat auf 140, 130, 127, 125 (an 4 Montagen gewogen). Er wurde mitunter so matt, dass er sich bei jeder Bewegung und namentlich bei jeder Drehung an der Wand festhalten musste. Endlich brachten wir ihn dazu, wenigstens Bier nachzutrinken und schliesslich wurde ihm statt des letzteren auch Inf. rad. Calami gereicht, das er dann auch ohne Widerrede nahm.

Im September u. October kam er wieder auf 132 und im November sogar auf 140. Es trat jetzt bei Nacht Kopfschmerz auf, der ihm sehr lästig war und den Schlaf störte. Zunächst wurde mit dem Jodkalium auf 3 Gramm gestiegen und ihm Abends auch noch, um den Schlaf wieder zu befördern, $1/2$ Gran Morph. gereicht. — Im December erholte er sich körperlich und geistig sehr, legte wieder vielen Werth auf sein Aeusseres. Machte aber wieder allerlei Reisepläne, will nach London, nach China. — Januar (1859) geistig viel regsamer, bekommt Abends $3/4$ gran Morphium. Gewicht steigt auf 142 Pfd. — Februar. Liest viel in Büchern und Zeitungen, verkehrt viel mit andern Kranken in passender Weise. Sehr gutes Aussehen, Gewicht 144, 145 und 143 Pfd. -- März. Macht oft wieder lächerliche Pläne, vernachlässigt sein Aeusseres wieder mehr, wird lästig durch sein ungezogenes Wesen. Schwäche in den Beinen. Projecte toller Art; Unverschämtheit, Unreinlichkeit, Flegelei. 143, 143, 146, 142. — April. Fängt wieder an, ganz tolle Projecte loszulassen. Wenn er hundert Millionen verdient hat, will er sich bei dem König von Preussen ein Land kaufen und König desselben werden. 138, 136, 141, 138. Mai. Will 5000 Schneidergesellen engagiren und da jeder täglich 1 Thlr. verdient, eine tägliche Einnahme von 5000 Thlr. haben. 139, 139. — Juni. Besitzt $1^{1}/2$ Millionen, will jetzt die ganze Welt bereisen. Gang schwerfällig, unreinlich. 139, 141, 138. — Juli. Dieselbe Flegelhaftigkeit und Unbeholfenheit in seinen Bewegungen 136, 136, 136, 137. — August. Engagirt gegen 100,000 Schneidergesellen, von denen jeder täglich 1 Dollar verdient. Er bringt dieselben in 40 Wohnhäusern unter. 139, 139, 139, 135. — September. Dieselben Grössenideen. 136, 137, 135. — October. Will in seiner Vaterstadt einen zoologischen Garten anlegen. Onanirt. Will den Assistenzarzt als Director des zoologischen Gartens anstellen. 135, 138, 137, 137. Das Jodkalium wird auf 4 Gramm gesteigert. — November. Wechselt mit seinen Projecten. 140, 140, 140, 142. — December. Legt wieder mehr Rücksicht auf sein Aeusseres. 140, 142. — Januar (1860). Seine krankhaften Projecte treten immer mehr zurück. Klagt über schlechten Schlaf, bekommt 2 Morphiumpulver Abends jedes $1/2$ Gran. Sein Gang wird sicherer. Pupillendifferenz schwindet. 143, 142, 143. — Februar. Will all das verkehrte Zeug nicht geredet haben, beschäftigt sich viel mit Lesen, ist viel anständiger. Will von dem zoologischen Garten und den Millionen Nichts mehr wissen. 144, 143, 145. — März. Wird böse, wenn man ihn daran erinnert, dass er habe Fürst werden wollen. Das seien lauter Thorheiten gewesen. Auch mit den Schneidergesellen, das sei lauter Unsinn. Gang wird besser. — Auch seine krankhafte Flegelei hat aufgehört Die Angehörigen finden ihn bei einem Besuche so nett und gut, dass mein

Zweifel, ob es auch halten werde mit der Besserung, gar kein Gehör mehr fand. Sie nahmen ihn mit nach Hause.

Nach längerer Zeit hörte ich, dass er die Arznei, wie verordnet noch lange Zeit fortgebraucht habe und sich gut gehalten hatte. Dann kam die Nachricht hierher, dass er stark trinke und im Juli des nächst folgenden Jahres (1862) soll er plötzlich an einem Schlaganfall, in Folge langer Arbeiten in der Sonnenhitze mit unbedecktem Kopfe gestorben sein.

Aus dieser Wirkungslosigkeit des Jodkalium im dritten Stadium schliesse ich aber durchaus nicht, wie dies anderswo geschehen ist, „dass dieses grosse Mittel allein keine Syphlitischen heilen könne". Ich habe mich in vielen Fällen von seiner grossen Wirksamkeit überzeugt und bei zahlreichen Kranken sowohl mit primärer Infection als auch s. g. secundärer und tertiärer constitutioneller Erkrankung vollständige Genesungen eintreten sehen. Ich gebe zwar zu, dass das Jodkalium ein hervorragendes Mittel bei syphilitischen Knochenleiden ist, aber ich habe auch bei Erkrankung anderer innerer Organe die Genesung dadurch herbeigeführt.

2. Das Quecksilber.

In allen denjenigen Fällen, wo das Jodkalium in allmählig steigender Dosis keinen durchgreifenden Erfolg hatte, bin ich zum Quecksilber übergegangen. — Es gibt viele Kranke, welche die verschiedenen Quecksilber-Curen, theils aus fremder, theils aus eigener Erfahrung kennen, welche einen Abscheu dagegen haben und sich allerlei schlimme Folgen dieser Methode einbilden, die sich deshalb in mehr oder weniger heftiger Opposition dagegen sperren und widersetzen.

Die Angst und die daraus hervorgehenden krankhaften Vorstellungen steigern diese Opposition gegen die Medicamente immer mehr, so dass deren Application eine längere Zeit erfordert und oft eine wahrhafte Hetzerei mit den Kranken verursacht. Diese Beobachtungen haben mich veranlasst, die alten hergebrachten und vielfach

bewährten antiluëtischen Curen D z o n d i s c h e P i l l e n c u r — und
S c h m i e r c u r bei luëtischen Psychosen nur auf die Fälle zu be-
schränken, wo eine Application ohne alle Opposition des betreffenden
Kranken erfolgen kann; in allen übrigen Fällen aber

A. Die subcutane Anwendung des Quecksilbers,

namentlich des S u b l i m a t s vorzuziehen, da man hier den Kranken viel mehr in der Hand hat und die Sache viel rascher abmachen
kann. Bei einzelnen besonders oppositionellen Kranken braucht man
nur vorher eine Morphium-Injection zu machen, welche den Kranken
sehr beruhigt und ausserdem seinen Widerstand gegen die Queck-
silber-Injection psychisch sowohl wie somatisch ziemlich beseitigt.

a. Der Sublimat.

Durch Prof. Georg L e w i n in Berlin ist die subcutane Anwendung
des S u b l i m a t zuerst in grösserer Ausdehnung ausgeführt worden,
worüber er in den Annalen der Charité (1868 IV. Bd.) ausführlich
berichtet.*) Die Methode, wie sie L e w i n zuerst publicirte, hatte
übrigens mancherlei Uebelstände, so dass in der zahlreich darüber
angehäuften Literatur mancherlei Opposition gegen dieselbe entstand und sie allmählich, statt neue Anhänger zu gewinnen, viele
alte Anhänger verlor. Vor allen Dingen war die Operation selbst
sehr schmerzhaft, dann bildete sich aber auch in einem ziemlichen
Umfang eine Infiltration des Gewebes, mit oft bedeutender Geschwulst

---

*) Die erste Anwendung der subcutanen Sublimatinjection rührt von Christoph
H u n t e r und H e b r a her. Cfr. E r l e n m e y e r, die subcutanen Injectionen der
Arzneimittel. III. Aufl. p. 102 — dann folgten D e r b l i c h (Wiener med. Presse
1868. Nro. 12), B o e s e (Inaug. Diss. Marburg 1868), M e r s c h h e i m (Inaug. Diss.
Bonn 1868), G,rünfeld (Wien. med. Presse 1868. Nro. 17—52. 1869. Nro. 1),
K l e m m (Inaug. Diss. Leipzig 1869) und S t ö h r (Deutsches Archiv für Klin. Med.
1869. Nro. 3 u. 4.).

und grosser Schmerzhaftigkeit. Es kam in einer grossen Anzahl von Fällen zu schmerzhaften Phlegmonen in der Umgebung der Einstichstelle, zu Ecchymosen und Mortification der Haut im ganzen Injectionsrayon und endlich sogar zu Abscedirung und Gangränescenz an der betreffenden Stelle. Von anderer Seite sind auch Erysipèle als Folge dieser Sublimat-Injectionen beobachtet worden.

Es war natürlich, dass unter solchen Verhältnissen ein Jeder bemüht war, auf Abhilfe zu sinnen. Man wollte die *Schmerzhaftigkeit durch Verbindung mit Morphium* vermindern*), hatte jedoch keinen bessern Erfolg von dieser Methode. Wieder Andere. versuchten andere Quecksilber-Präparate, hatten aber auch mit Ausnahme des Calomel, worüber ich weiter unten reden werde, keine günstige Resultate**).

Der Verfasser verdünnte die ursprüngliche L e w i n 's c h e Lösung sehr bedeutend und hat es dadurch erreicht, dass bei allen seinen Injectionen sowohl die Schmerzen als auch die entzündlichen Erscheinungen ausblieben., In 30 Spritzen voll aq. dest. wird 1 Gran Sublimat aufgelöst, 1 Spritze voll Lösung enthält also $1/30$ Gran, und 3 Spritzen voll $3/30$ oder $1/10$ Gran Sublimat. Diese 3 Spritzen voll wurden nun an drei verschiedenen Stellen eingespritzt. Diese Verdünnung hat allerdings das Unangenehme, dass

---

*) Was H a n s e n (Dorpat. med. Zeitschrift 1871), L i è g o i s (Bull. gén. de ther. 30 Aout 1868) und E n g e l s t e d t (Nord. med. arch. 1871. Nro. 21) empfohlen haben.

**) So wurde injicirt Quecksilberjodid: L a u r i (Lo sperimentale 1870), B r i c h e t e a u (Bull. gén. de ther. 15 Apr. 1869), L a n g s t o n P a r k e r (the modern treatment of Syphilis London 1871) — ferner Quecksilberjodid mit Jodkalium und Morphium A i m é M a r t i n und L'A b b é (Gaz. des hop. 1869. 112). —, W i l l e b r a n d t (über die Anwendung der Quecksilber-Präparate. S c h m i d t. Jahrb. 1871. B. 150), E n g e l s t e d t und P a q v a l i n (On behandeling of Syphilis. Helsingfors 1871) modificirten die Methode etwas — dann Merk. solub. Hahnemanni. injicirte A m b r o s o l i in Mailand (1866), den Merk. oxydat. nigr. injicirte M o s c a t i, das Cyanür injicirten S c a r e n z i o und R i c o r d i. —

um eine nutzbringende Dosis zu incorporiren, immer 3 Spritzen voll
injicirt werden müssen, sie hat aber auch das Angenehme, dass die
nachtheiligen Erscheinungen nach den Injectionen gleich Null sind.
Ich habe diese Injectionen bei zahlreichen Fällen von luëtischen
Psychosen mit den besten Erfolgen angewendet, aber auch bei geistig gesunden Luëtikern die besten Resultate gesehen. Ein geistig
gesunder Luëtiker sollte die Schmiercur gebrauchen, bekam aber
nach der ersten Einreibung ein so heftiges Eccem über den ganzen
Körper — selbst an den behaarten Theilen des Kopfes — dass von
der Schmiercur Abstand genommen werden musste. Die nach obiger
Methode applicirten Injectionen hatten den besten Erfolg und gar
keine üblen Nebenerscheinungen.

C. E. Staub war der erste, der das Quecksilber-Albuminat
als Injectionsmasse anwendete (traitement de la Syphilis par les
injections hypodermiques du Sublimé à l'etat de solution chloro-
albuminense, Paris 1872). Dieselben sollten gar keine üblen Nach-
wirkungen zeigen und besonders keinen Schmerz und keine Ent-
zündungszustände zur Folge haben. — Wenn sie auch diese Er-
wartungen nicht alle erfüllten, wie Cullingworth nachwies, (on
the subcutaneous injections of mercury Lancet 9. May 1874) so hat
sie doch wesentlich die Unannehmlichkeiten beseitigt. Es versuchten das Albuminat ferner Lanceraux (Traité hist. Paris 1874)
und Bäumler (Ziemsen Handbuch III. 1—200).

Bamberger hat die Methode nun noch weiter vervollkommnet
und verbessert und hat, gestützt auf viele chemische Versuche (1876),
ein zu subcutanen Injectionen geeignetes Präparat, das *lösliche
Quecksilber-Albuminat* dargestellt von der Stärke, dass eine gewöhnliche Pravazsche Spritze von 1 Gramm Gehalt 0,01 Quecksilber-Albuminat enthält.

Die Bamberger'sche Lösung hat vor der Staub'schen den
Vorzug der grösseren Haltbarkeit. Während die erstere schon nach

einigen Stunden trüb wird, hat die letztere in einzelnen Proben
fast den ganzen Winter im geheizten Zimmer gestanden, ohne zu
verderben.

Trotz dieser Vortheile, welche die Injection des Bamberger's'chen Quecksilber-Albuminats darbietet, erhoben sich doch auch
manche Stimmen dagegen, indem namentlich Köbner (Jahresbe-
richt der schles. Gesells. für vaterl. Cultur 1868) und Stöhr (Behandlung der Syph. durch subcut. Inj. Archiv für klin. Med. V.) in
der ambulanten Praxis Nichts davon wissen wollten. — Dr. J. Grün-
feld in Wien (Med. Presse von Dr. Schnitzler) hat nach längeren Versuchen mit dem löslichen Quecksilber-Albuminat sich dahin
ausgesprochen: „Im Ganzen genommen muss ich jedoch die nach
der Einspritzung von Quecksilber-Albuminat sich einstellenden subjectiven Symptome als geringer bezeichnen im Vergleiche zu denen,
die ich nach einfachen Sublimat-Injectionen zu beobachten Gelegenheit hatte."

Von den Erfahrungen, welche über das Bambergersche Quecksilber-Albuminat bei Psychosen gemacht worden sind, hebe ich die folgenden hervor.

Professor Dr. von Rinecker in Würzburg hielt in der Wan-
derversammlung der südwestdeutschen Neurologen und Irrenärzte in
Baden-Baden am 21. Mai 1876 einen Vortrag „über syphilitische
Psychosen." In dem Abschnitt über die Therapie sagt er: „Es wird
von der Zeit zwischen Lues und Geistesstörung, ferner von dem
Stande der Ernährung abhängen, ob man zum Jodkalium oder zum
Quecksilber sich entschliesst. Dass letzteres auch bei Spätformen
der Syphilis manchmal ausgezeichnete Dienste leistet, ist bekannt.
Will man es bei Geisteskranken in solchen Fällen versuchen, so
möchte der Vortragende ganz besonders zu der hypodermatischen
Anwendung in der Form der neulich von Hofrath Dr. Bamberger
(Wiener Wochenschrift Nro. 11) empfohlenen Quecksilber-Albuminat-

lösung rathen, die in jedem C. C., dem gewöhnlichen Inhalt einer Injectionsspritze — genau 1 Centigramm Quecksilber-Albuminat enthält. Schon nach 3—4 Injectionen einer solchen minimen Dosis macht sich in der Mehrzahl der Fälle ein günstiger Einfluss geltend. Weder Salivation noch Abscedirung der Injectionsstelle sind zu befürchten." (Archiv für Psychiatrie und Nervenkrankheiten von Westphal VII. Bd. 1. Heft 1877 p. 240.)

Eine andere schon mehr ins Einzelne gehende Erfahrung rührt von Dr. C. Laufenauer her.

Derselbe hielt in der Sitzung des psychiatrischen Vereins in Wien am 24. November 1876 einen Vortrag: *„Zur Behandlung der syphilitischen Psychosen."* Im Allgemeinen spricht er sich über die Behandlung dahin aus: „Der richtige Weg wird wohl dasjenige Verfahren sein, dass wir bei frischen Erkrankungen oder in denjenigen Fällen, wo stürmischere Hirnerscheinungen einen raschen und energischen Eingriff dringend als nothwendig erscheinen lassen — die *Inunctionscur*, während wir bei alten tertiären schleppend verlaufenden oder der allgemeinen Paralyse ähnlichen Fällen das Jodkalium in Anwendung bringen werden. Schliesslich werden sich auch solche Fälle ergeben, wo wir gleichzeitig beide Heilmethoden combiniren können."

Dann geht der Verfasser auf das Bamberger'sche leicht lösliche und leicht resorbirbare Präparat: das *Hydrargyrum albuminatum solutum* über, „womit die hypodermatische Behandlung der Syphilis ohne alle Nachtheile bewerkstelligt werden kann." Er erzählt dann 2 Fälle von Gehirnsyphilis, die er in der Privat-Anstalt des K. Raths Dr. Schwartzer in Buda-Pest beobachtet und mit diesem Mittel behandelt hat.

A., 22j. Comptoirist — März an Glans p. ein Huntersches Geschwür. Quecksilberbehandlung, Vernarbung nach einigen Wochen Ende April Kopfweh und Schlaflosigkeit — durch Familienunglück tiefe Melancholie — die aber bald in leichte Tobsucht überging. — Mai Anstalt. — Leistendrüsen mandelgross und noch darüber infiltrirt. — Mundschleimhaut oberflächliche Erosionen. — Im Uebrigen negative Befunde. Psychische Symptome der Gehirnsyphilis. Verminderung des Gedächtnisses, gewisse Langsamkeit im Denken, grosse Veränderlichkeit der Stimmung, weint und lacht fast in derselben Minute. Launenhaftigkeit, kindisches Benehmen, Widerspenstigkeit, grosse Gereiztheit des Gemüthes — fortwährend Grimassen, aekirte und neckte Kranke und Wärter — hier und da Kopfschmerz — Schlaf anhaltend unruhig. Hypnotica — der Schmiercur widersetzte sich Patient nach 2 Einreibungen. Jodkalium nahm er einige Tage, dann nur gewaltsam. Täglich unruhiger — wälzte sich auf dem Boden. Stetig zunehmende Pupillendifferenz. —

Täglich einmal 1 Centigramm Quecksilber enthaltendes lösliches Quecksilber - Albuminat eingespritzt. Nach der 7. Inj. Beruhigung, auch die Nächte werden ruhiger. Statt Stimmungswechsel ruhiges Benehmen, so dass Injectionen ohne Zwang gemacht werden konnten. Leistendrüsen und Munderosionen heilten. Pupillendifferenz schwand. Nach 20 Inj. eine Serie geschlossen. — Patient konnte unter Aufsicht der Eltern die Anstalt verlassen — dem Hausarzt entweder Fortsetzung der Injectionen oder Schmiercur empfohlen. — Spätere Nachrichten ergaben, dass sich Pat. wohl fühlt bis auf eine gewisse geistige Trägheit.

B., 34jähr. Oberlieutenant, Juni 1875 ulcus — zu dem sich Hautsyphilis (psoriasis palmaris) gesellte. November 1875 Genesung. Januar 1876 : Hautsyphilis recidiv mit flachen Geschwüren der Lippen- und Mundschleimhaut. Innunction und Mitte Februar Reconvalescenz. Ende Februar Nachts Tobsuchtsanfall (einige Nächte vorher schlaflos), schrie, commandirte, hieb und stach mit Säbel gegen die Thüren; darauf unruhiger Schlaf, unterbrochen durch Sprechen und Schreien. Anstalt.

Schmutzig gelbe Papeln in Hohlhand und Fusssohle. — Syphilitische Ulcera der Mundschleimhaut. Nächte schlaflos. Stundenlang ganz ruhig und besonnen, dann plötzlich Halluciniren, mit erhobenem Kopf, hastigen Schritts geht er auf und ab, gesticulirt gegen den Himmel, Grössenideen, sei Gott, der Pabst. Nach 1—2stündiger Unruhe, 3—4stündige Pause, die wieder in Exaltation übergeht. Nächte anhaltend unruhig. Hypnotica.

Verweigert Jodkalium und . ungt. ein. als Gifte. Injection. In 22 Tagen 22 Centigramm Quecksilber. Nach der 10—12 Inj. merkliche Besserung. Geschwüre heilten, ruhiger klarer, hallucinirt zwar noch, aber Stimmungswechsel und Grössenideen verloren sich. — Nächte gut ohne Hypnotica. Später auch Verzerrung des Gesichts wie bei A., besonders wenn er allein für sich war. Sichtliche Erholung ohne Widersetzen gegen Injection. Mit 22 Inj. erste Serie geschlossen. — Recidiv, Geschwüre traten auf mit Verschlimmerung aller psych. Symptome. Schmiercur, dann Heilung.

Es stellten sich übrigens nach einigen Injectionen schon starke Infiltrationen ein, die sich in tiefe Geschwüre mit steil absteigenden Rändern verwandelten, doch kamen diese Erscheinungen bei Anwendung eines anderen besseren Präparates nicht wieder.

Auch Professor N e u m a n n iu Wien hat sich kürzlich in einem Vortrag, den er in der Gesellschaft der Aerzte gehalten hat, dahin ausgesprochen, dass auch das Quecksilber-Albuminat immer mehr oder weniger beträchtliche Reactionen erzeugt, dass diese aber im Allgemeinen weit geringer seien als bei anderen Quecksilberlösungen. Nie sah er Abscesse oder Gangrän entstehen. Die der Operation folgenden üblen Erscheinungen hingen viel von der Vulnerabilität des Patienten, von der Geschicklichkeit des Operateurs, von der Reinheit der Lösung und endlich von der Beschaffenheit der Canüle ab.

Die oben beregten Uebelstände, namentlich *die Schwierigkeit, eine klare und reine Lösung* herzustellen, bei der keine unangenehme Folgeerscheinungen zu Tage treten — und dann die beschränkte *Haltbarkeit der Lösung*, indem nach 4—6 Wochen die frühere wasserhelle Flüssigkeit sich trübte und den Niederschlag eines eiweissartigen Körpers sehen liess, was den weiteren Gebrauch derselben unmöglich machte — veranlasster den Prof. B a m b e r g e r statt des Quecksilber-Albuminats ein neues Präparat zu versuchen. Er wählte dazu einen dem Eiweiss verwandten Körper: das P e p t o n, das in Wasser leicht löslich ist, der Einwirkung der Hitze, der Alkalien und Säuren widersteht, auch leicht filtrirbar ist, so dass die Darstellung des Peptonquecksilbers eine wesentlich einfachere ist. — Diese Lösung ist viel haltbarer, die Versuche die damit bisher angestellt wurden, sind überaus befriedigend. Schmerzlos ist die Injection nicht, aber man kann den Schmerz sehr vermindern durch langsame Injection und durch rasche Vertheilung der eingespritzten Flüssigkeit mit dem drückenden Finger. (B a m b e r g e r's Vortrag in der Gesellschaft der Aerzte in Wien. Allg. Wiener med. Zeitung.)

Prof. N e u m a n n bemerkt über das *Pepton - Quecksilber*, es lasso sich nach vielen Versuchen constatiren, dass die Peptonlösung weniger Schmerz verursacht als alle anderer Sublimatlösungen und dass sie, wenn sie klar bleibt nie Abscess- oder Schorfbildung hervorruft, wiewohl alle die vom Redner behandelten Kranken ihrer gewohnten Beschäftigung nachgingen. Die Hauptsache ist aber dabei-, dass die Injection nur an dem Rumpfe selbst vorgenommen werde. — Zum vollständigen Schwinden der syphilitischen Erscheinungen waren 20—40 Injectionen erforderlich — Salivation und Stomatitis wurden äusserst selten beobachtet.

In schlimmen Fällen wurden auch zwei Injectionen an einem Tage vorgenommen, ohne besondere missliche Erscheinungen hervorzurufen.

Fasse ich zum Schlusse alle Vorzüge der Pepton - Sublimat-Injectionen zusammen, so sind die folgenden überall anerkannt: geringere Reaction nach der Einspritzung, die genaue Dosirung des Präparats, die minimalen Dosen, welche zur Beseitigung der Luës ausreichen, die Schonung der ersten Wege, des Magens-und Darmcanals, namentlich bei schon sehr reducirten Individuen, die Möglichkeit eine grosse Reinlichkeit zu erhalten und durchzuführen, und die Schnelligkeit der Wirkung. Dieselben sind so eclatant, dass sie auch entschiedene Gegner der Methode dafür einnehmen werden besonders da die Schattenseiten, das Verweilen des Quecksilbers im Körper, das nach genauen Versuchen so rasch ausgeschieden wird — die erhöhte Temperatur, die in einzelnen Fällen bis auf 40⁰ C. stieg, die gesteigerte Pulsfrequenz, die Schlaflosigkeit, die profusen Diarrhoen — doch eigentlich nur in ganz seltenen Fällen zur Beobachtung kommen.

Ich habe das Präparat aus der *Kronenapotheke* von Dr. Heinrich F r i e d l ä n d e r in Berlin (Friedrichsstrasse 160) bezogen, wo es nach Prof. Bamberger in Wien bereitet wird. Dasselbe ist eine weinfarbige klare Flüssigkeit, 1 °/₀ige Lösung und kosten 300 Gramm 3 Mark. Die Lösung hält sich lange klar und habe ich gute Erfolge davon gesehen. Speichelfluss und Stomatitis sind jedoch nicht ganz zu vermeiden.

b. Das Calomel

wurde zuerst von Dr. Scarenzio, Arzt der syphilitischen Klinik zu Pavia, subcutan angewendet (Annal. univ. 189. 602 und Erlenmeyer, die subcutanen Injectionen der Arzneimittel III. Aufl. p. 103). Er erzielte damit in 8 Fällen 7 Mal Heilung. Es kamen oft Abscesse vor in der Nähe der Einstichstelle und einmal trat Speichelfluss ein. — Im Jahre 1871 gab er neue Erfahrungen über dasselbe Medikament heraus, (Scarenzio e Ricordi: Il metodo ipodermico nella cura della sifilide; Annali univers. di med. Gennajo e Febr. 1871), die so ermunternd wirkten, dass Raggazoni und Appiani, Flarer, Magni, Mora, Guaglino, Padova, Curlo und Andre dieselben nachahmten. In einem Zwischenraume von mehreren Tagen werden jedem Kranken je 2—3 Injectionen von Calomel gemacht, welche meistens Abscesse hervorrufen, die gewöhnlich geöffnet werden müssen.

In neuerer Zeit wurden die Versuche mit Calomel-Injectionen auf der syphilitischen Abtheilung des Hofraths Dr. v. Rinecker in Würzburg wiederholt vom Winter 1875/76 bis Ende Sommer 1876. Der damalige Assistenzarzt der Abtheilung Herr Dr. Köllicker hat dieselben im Centralblatt für Chirurgie 1877, Nro. 7 veröffentlicht (Ueber die Behandlung der Syphilis mit subcutanen Calomel-Injectionen). Verf. bediente sich der vollständigen mit Hartgummi montirten Pravaz'schen Spritze und injicirte zuerst auf der seitlichen Rückengegend, später auf der seitlichen unteren Bauchgegend. -- Die Flüssigkeit bestand aus einer Calomelsuspension, die in folgender Weise normirt war. R. Calomel. 3,0, Glycerin 30,0 ad vitr. nigr. Die gewöhnliche Dosis war 0,05 für Erwachsene und 0,03 für Kinder. Die Injectionen wurden jeden vierten Tag gemacht und die Zahl der Injectionen betrug durchschnittlich 6.

Bei diesen Injectionen fällt die Häufigkeit der Abscesse auf, die übrigens stets gutartig verliefen. Die Symptome der Hydrargyrose traten dagegen sehr in den Hintergrund und hat Verf. nur wenige, sehr leichte Fälle von Stomatitis beobachtet. Das Allgemeinbefinden leidet nicht im Geringsten; die Abwägungen während der Cur ergaben gewöhnlich Gewichtszunahme der Kranken.

Verf. hat in 46 Fällen erfreuliche Resultate und nur in 3 Fällen Recidive beobachtet, von denen nur einer das Recidiv in einer höheren Form der Erkrankung zeigte.

Als Vorzüge der Methode hebt Verf. hervor: 1) die Annehmlichkeit derselben und die Möglichkeit der ambulanten Behandlung; 2) die geringen Folgen der Quecksilbereinverleibung und 3) die geringe Störung des Allgemeinbefindens; 4) die Möglichkeit der genauen Dosirung; 5) die geringe Schmerzhaftigkeit und 6) die geringe Zahl der nöthigen Injectionen.

Die einzige Unannehmlichkeit ist die grosse Zahl der Abscesse. Trotzdem hält er dieselbe für besser als die übrigen Methoden der Syphilisbehandlung.

Verf. hat mit den Calomel-Injectionen wegen der vielen Abscesse bei Psychosen nur wenige Versuche angestellt, da die Kranken, sobald sie merkten, dass die Abscesse durch die Einspritzungen bedingt waren, sich auf's Heftigste opponirten.

9

B. Die innerliche Anwendung des Quecksilbers

macht bei den meisten Fällen von luëtischen Psychosen allerlei
Schwierigkeiten, so dass ich dieselbe nur bei ganz vereinzelten
Kranken habe zur Anwendung bringen können.

Einmal treten gar zu leicht bei der inneren Anwendung des
Mercur, in welcher Form er auch gereicht werden mag, Störungen
in der Mundschleimhaut etc. auf, welche bei denjenigen Kranken, die
sie bereits kennen und auf ihre richtige Ursache zurückzuführen
vermögen, einen förmlichen Schrecken und grosse Opposition hervorrufen, bei denjenigen aber, welche die Ursache noch nicht zu
ergründen vermögen, allerlei Ideen von Benachtheiligung und Be-
schädigung durch das Medicament erzeugen, denn mit diesem bringen sie es fast immer bald in causale Beziehung. Auch diese
machen desshalb bald mehr oder weniger entschiedene Opposition.
Man ist also fast nur auf diejenigen Fälle beschränkt, mit welchen
man ganz offen über ihre Krankheit, ihre ursächliche Beziehung
und über die nothwendigen Medicamente sowie deren Folgeerscheinungen sprechen kann, die hinlänglich klar sind, um Alles
das, was man ihnen gegen ihre Krankheit sowie gegen die
Folgezustände der Medicamente verordnet, ohne Widerrede und
pünctlich zu gebrauchen — oder auf diejenigen, die so apathisch
sind, dass sie Alles, was man ihnen verordnet, ruhig und ohne
Opposition hinnehmen — die Alles geschehen lassen, was man
ihnen auch wieder gegen die durch das Medicament hervorgebrach-
ten Erscheinungen verordnet und aus Gleichgültigkeit keinen Widerstand machen.

Unter all den innerlich zur Anwendung gelangenden Quecksilber-Präparaten ist der *Sublimat*, das am Sichersten wirkende und
seine Darreichung in Pillenform die bequemste. Ich habe im Laufe
der Jahre verschiedene Vorschriften versucht, die uns aus älterer
Zeit überkommen sind, aber ich habe mich immer am Besten noch
bei der D z o n d ischen Formel gestanden*), wenn ich auch nicht
die Gebrauchs-Anweisung D z o n d i's, die sich auf 27 Tage erstreckt,
überall ganz consequent durchgeführt habe.

---

*) Die innere Anwendung des Sublimats reicht bis zum Anfang des 16. Jahr-
hunderts zurück; A n t o n i u s G a l l u s erwähnt 1540 (de ligno sancto ,Parisiis) einer
Art Pillenmasse aus Weizenmehl, Sublimat, Butter und Gold — und Remaclus
F u c h s (Morbi Hispanici etc. Parisiis 1541) spricht sich noch deutlicher darüber
aus. — Die *Pillen* des B a r b a r o s s a waren die zu erst bekannt gewordenen Sublimatpillen in gewöhnlicher Mischung und Grösse des siebenzehnten Jahrhunderts. —
(Hieronymus Montuus L u g d u n i 1558 und Wilh. R o n d e l e t, de morbo italico
1560). — Im 18. Jahrhundert wurden D e l a S o m m e s, des Leibarztes der Königin
Pillen, hauptsächlich von Dr. P. Fabre (Paris 1782) empfohlen und desshalb auch
öfter F a b r e'sche Pillen genannt. — P e t i t s Pillen (1750) waren ziemlich berühmt
und haben sich bis ins 19. Jahrhundert erhalten. — Die von C h r i s t o p h L u d-
w i g H o f f m a n n erfundenen „*pilulae majores Hoffmanni*" wurden sehr empfohlen.
— J o h. P h. V o g l e r empfahl die „Pilulae alterantes Vogleri", welche einen grossen Ruf erlangten. — Johann Christian Anton T h e d e n erfand, da die sehr verbreitete v a n S w i e t e n sche Lösung zu viele Recidive hatte und auch zu viele Zer-
störungen im Magen und Darm veranlasste, eine neue Composition für Pillen. —
T h e d e n beschreibt auch zuerst das Z i t t m a n n'sche Decoct.

Im 19. Jahrhundert empfiehlt L. V. L a g n e a u (Exposé etc. Paris 1803.)
eine neue Pillencomposition als milder und ebenso wirksam als andere. — Christoph
Wilh. H u f e l a n d (System der pr. H. 1800—1805) empfahl eine Pillencomposition,
die er aber später etwas änderte. — P a i l y's pilulae sine pari, haben keine besondere Reputation erlangt. — Joh. Nep. R u s t (Helkologie Berlin 1842) empfahl
seine Pillen, die sehr frequentirt wurden. — Joh. Adam S c h m i d t's Pillen, Wien
1812 sind wieder mehr in Vergessenheit gerathen. — Carl Gustav O s b e c k (Heilart der ausgearteten vener. Krankheiten aus dem Franz. von N. M e y e r, Bremen
1813) erfand eine neue Syphiliscur für die er 3000 Thlr. Gratification und 500 Thlr.
jährlich Pension erhielt, die Hauptsachen dabei waren Sublimatpillen nach der
Schwedischen Pharmacopoe. — Johann W e i d t (Die Lustseuche, Breslau 1816.)
empfahl seine neuen Pillen aus Opium und Sublimat. — G a n d y machte das Traitement arabique ou diète sèche bekannt, wie es im Orient und auf der nördlichen

In einzelnen Fällen wurde allerdings die D z o n d i sche Vorschrift durchgeführt, in zahlreichen anderen, wurden die Pillen einen Tag um den andern zu je 2 Stück gegeben, so dass in einem Monat 30 Pillen verabreicht werden. Die Folgeerscheinungen besonders Speichelfluss, Anschwellung des Zahnfleisches, Wackeln der Zähne treten früher ein und stärker hervor, wenn die ursprüngliche Vorschrift Dzondi's genau befolgt wurde.

Im II. Stadium der luëtischen Psychosen habe ich übrigens mit beiden Methoden (Dzondi und Modification) mehrere ganz vollständige Erfolge erzielt.

Im III. Stadium, wo ich die Cur in beiden Formen auch öfter angewendet habe, kann ich nur von einem einzigen günstig

---

Küste von Afrika bestand (Montpillier 1817) Sublimatpillen und Holztränke. — Friedrich August R ö b e r (Kurze Anleitung zur Heilung der Lustseuche, Dresden 1818) hat eine besondere Pillencur empfohlen, womit er 3000 Kranke in 30 Jahren geheilt hat. (Subl., Extr. liqnir. und Opium). — Leo L e b r e c h t (Pharmacop. ext. antisyph. Mainz 1818) gibt ein grosses Verzeichniss gebräuchlicher Sublimatpillen an. — C u l l e r i o r s Pillen (Ueber die Lustseuche, Mainz 1822) aus Sublimat 1/8, Opium und Amyl. 2 gr. haben auch eine grosse Verbreitung gefunden. — J. T a d d e i (Antologia Milano 1824) erfand gefahrlose Sublimatpillen, deren jede 1/2 gran Sublimat enthielt. — F. E. P l i s s o n (Monographie der Lustseuche 1825 aus dem Französ. von Carl F i z l e r, Ilmenau 1827) empfiehlt seine neuen Pillen. — Wilhelm D u p u y t r e n's Pillen (Paris 1834, Subl. halbe Drachme auf 220 Pillen) sind neben den Hoffmann'schen und Dzondi'schen die verbreitetsten. — Carl Heinrich D z o n d i (Neue zuverlässige Heilart der Syph. Halle 1826, 12 gr. Subl. in Aq. gelöst. Mic. pan. q. s. ut f. pil, Nro. 240 [also à 1/20 gr.]. — E. A. L. H ü b n e r s Pillen (Erkenntniss und Cur der Dittmar'schen Krankheiten, Altona 1835) erfreuten sich keiner besondern Verbreitung. — B o n n a f o n t (Behandlung der Syphil. l'Union 1853) verordnet seine Pillen (Subl. (7), Ext. op. (8), Jodkal. 21 Decigr. Extr. reglis. 8 gramm 75 Pillen) mit den ausgezeichnetsten Nutzen. — J. E. P o l a c k brachte auch ein Pillenrecept aus Persien mit, das er sehr empfiehlt. — P u e h e's Pillen gelten noch immer etwas in Frankreich -- Carl Friedrich Heinrich M a r x (Grundzüge der Arzneimittellehre, Stuttgart 1876) schlägt vor, die Sublimatpillen mit weissem Thon bereiten zu lassen und hat das schon 50 Jahre gethan.

verlaufenen Fälle erzählen, das ist der in den Skizzen unter Nr. 7 erwähnte Kranke aus Schlesien.

C. Die äusserliche Anwendung des Quecksilbers*).

Die Schmiercur (Einreibungs- oder Innunctionscur) ist unbestritten von allen Quecksilbercuren die kräftigste, die bei einiger Sorgfalt auch am wenigsten nachtheilig auf die Verdauungsorgane einwirkt. — Sie verursacht zwar bei unseren Kranken oft grosse Schwierigkeiten, aber selbst bei grösserer Opposition Seitens der Kranken ist die äusserliche Application des unguentum cinereum immer noch leichter durchzuführen, als die innerliche Anwendung der Sublimatpillen.

Ich habe gewöhnlich in folgender Weise die Cur eingerichtet. Täglich lasse ich den Kranken ein lauwarmes Bad nehmen von 22 höchstens 24 °R. Höhere Temperaturen, wie sie an einzelnen Badeorten empfohlen werden, tragen nur dazu bei, den Kranken psychisch aufzuregen, wie ich unten, wo ich die Badecur ausführlicher bespreche, noch mehr auseinandersetzen will. Wenn man bemerkt, dass die Haut nicht gehörig rein nach einfachem Wasserbade wird,

*) Im 15. und 16. Jahrhundert wurde schon das Quecksilber äusserlich gegen Syphilis angewendet und zwar erwähnen zuerst Caspar Torella und Hieronymus Braunschweig die *Waschungen* mit Sublimatlösung; daran reihen sich die *Bepinselungen* (Renner), die *Bähungen* (Petronius), die *Räucherungen* (Ferreriers), die *Sublimatwannenbäder* (Rondelet), die *Sublimatfussbäder* (Turquet de Mayerne) und *Sublimatsitzbäder* (Ludwig Boek). Dann wendete Dominik Cirilio (1790 aus dem Italienischen übers. von Dühne Leipzig) seine Innunctionscur an, wobei aber eine Sublimatsalbe (Subl. eine Drachme, Schweinefett eine Unze) in die Fusssohle eingerieben wurde. Die Methode konnte sich aber nicht einbürgern.

Die Anwendung des *Unguent. cinereum* zur Schmiercur wurde zuerst von Ruiz de Isle, Sevilla 1542, im 16. Jahrhundert erwähnt. Im 17. Jahrhundert waren die Innunctionen mit Mercurialsalbe am gebräuchlichsten, welche letztere in diesem Zeitraume höhere Procente Mercur enthielten.

so lässt man am folgenden Tage noch Seife zusetzen, was jedenfalls weniger aufregt als die hier und da beliebten Douchen oder
Frottirungen.

Nach dem vollständigen Abtrocknen wird gleich das unguentum cinereum eingerieben und zwar 5 gramm, in hartnäckigen Fällen von 5 gramm beginnend bis zu 10 gramm allmählich aufstei-
gend; dasselbe wird in zwei gleiche Theile getheilt und auf die
Einreibung einer jeden Hälfte 10 Minuten verwendet. Bei der Rei-
henfolge der einzelnen Körpertheile, folge ich der Vorschrift des
Prof. Dr. Carl Sigmund, Ritter von Ilanor zu Wien: und lasse
einreiben am ersten Tage beide *Unterschenkel*, am zweiten Tage beide
Oberschenkel, am dritten Tage *Bauch* und *Brust*, am vierten Tage
den *Rücken*, am fünften Tage *beide Arme*. — Darin weiche ich
aber von seiner Vorschrift ab, dass ich nicht den Kranken selbst
die Einreibung machen lasse, sondern dass ein kräftiger und geübter
Krankenwärter dies besorgt.

Während der Cur lasse ich den Kranken die folgende Lebens-
weise führen. Eine 15° R. übersteigende Zimmertemperatur ist
nicht nöthig. — Damit sich die Quecksilberdämpfe nicht im Zimmer ansammeln, wo der Kranke dieselben immer wieder einath-
met, wird er nach der Einreibung in ein anderes Zimmer gebracht
und das erstere gründlich gelüftet. Ist das nicht möglich, so lasse
ich ihn warm gekleidet, auch im Freien spazieren gehen während
der Lüftung des Zimmers. Nahrung gebe ich den Kranken in hinreichender Quantität, aber leicht verdauliche; Wein gewähre ich nur
in Fällen besonderer Schwäche, dagegen als stetes Getränke gute
frische kalte Milch; dabei erhält sich der Kranke am Besten bei
Kräften und wird seine gewöhnlich auf Anämie beruhende Schwäche
beseitigt.

Gegen die Erkrankung des Mundes (Salivation, Stomatitis etc.)
wird mit aller Energie aufgetreten und hier ist es gerade, wo man

bei unsern Kranken auf grosse Schwierigkeiten stösst. Sie sind zu indolent oder zu eigensinnig, um in dieser Beziehung die nöthige Reinlichkeit zu handhaben. Ausspülen des Mundes mit Kali chloricum, verschiedene Tanninpräparate, Kohlenpulver, geschlemmte Kreide als Zahnpulver, oder auch essigsaure Thonerde sind nöthig. Man mache ein Decoctum Quercus und fälle es mit Acetum Plumbi. Die braune chocoladefarbige Masse ist ein ganz vortreffliches Zahnmittel. Kommt es dennoch zur Ulceration, so wende man Höllensteinätzungen an und spüle nachher mit Salzwasser den Mund aus. Trotz aller dieser Vorsichtsmassregeln, ist es mir doch in einzelnen Fällen nicht gelungen, die Stomatitis fern zu halten, so dass die Einreibungen ausgesetzt werden mussten. Bei dem oben in der Krankheitsgeschichte IX. erwähnten Kranken haben starke Anfälle von Stomatitis oft das Aussetzen der Cur nöthig gemacht. — Ebenso muss auch gegen die *Catarrhe* des Magens- und Darmcanals sehr energisch vorgegangen werden, gegen die Tr. Op. crocata und tanninhaltige Mittel sich mir am Besten bewährt haben.

Ueber die Exantheme, welche (bei der Schmiercur) in einzelnen Fällen auftreten, habe ich oben schon gesprochen. Wenn es mit einigen dazwischen geschobenen Bädern nicht gelingt, die Exantheme zum Verschwinden zu bringen, so bleibt Nichts übrig als die Schmiercur aufzugeben und zu einer anderen Methode überzugehen. Die Hauptsache bei der *Schmiercur* ist die hinreichend lange Dauer derselben. Wie viel Einreibungen man machen soll im einzelnen Falle, ist im Allgemeinen sehr schwer anzugeben, wie ich schon oben im Capitel über die Prognose gesagt habe.

Man soll den Kranken nicht eher aus der Cur entlassen, als bis alle Symptome erloschen sind. Es kommen natürlich gar mancherlei Hindernisse, die das unmöglich machen. Am Unangenehmsten ist es, wenn die Besserung selbst nicht mehr fortschreitet, sondern Stillstand macht, oder wenn neue Nachschübe der Krankheit kommen. — In solchen Fällen thut man gut einmal mit der Cur zu wechseln, einige Bäder zu interponiren, oder auch ein anderes Quecksilberpräparat anzuwenden. In einzelnen Fällen habe ich auch wohl das Jodkalium einige Zeit dazwischen geschoben. Zuweilen wirken auch einige starke Abführ- oder schweisstreibende Mittel, die dazwischen genommen werden, sehr vortheilhaft und wenn man dann nach einigen Wochen wieder mit dem Einreiben fortfährt, so geht es wieder mit besserem Erfolge. — Die Zahl der Einreibungen waren in einzelnen Fällen sehr bedeutend (ich habe schon mitunter über 150 Einreibungen bei einem Kranken gemacht), aber das kann nie über die Fortsetzung der Cur entscheiden.

3. Die verschiedenen Bäder.

Die Anwendung der Bäder, welche schon lange Zeit bei den verschiedensten Formen secundärer und tertiärer Syphilis aller inneren Organe für sich allein oder zur Unterstützung der Hauptcur applicirt wurden, ist in neuerer Zeit auch auf die Psychosen ausgedehnt worden. Man hat sie sowohl in Wasserheil-Anstalten dirigirt, weil dort gründlicher und pünktlicher eine Badecur durchgeführt werden kann, als es in den häuslichen Verhältnissen des Patienten möglich ist; man hat sie aber auch in Mineralbäder geschickt, die theils durch ihren Gehalt an Jod und Schwefel besonders sich hervorthun, und hat sie endlich auch in Schlammbädern (besonders Sakki und Tschockrack) eine Cur gebrauchen lassen.

Im Allgemeinen habe ich mich schon bei einer anderen Gelegenheit (Wie sind die Seelenstörungen in ihrem Beginne zu behandeln V. Auflage, Neuwied bei Heuser) über diese Badecuren bei Psychosen ausgesprochen und habe mich gegen dieselben erklären müssen; auch die Beobachtungen, welche ich über die Behandlung der luëtischen Psychosen in Badeorten gesammelt habe, bestätigen die früheren Erfahrungen und sprechen gegen die Curen in den Badeorten. Die Kranken werden durch das aufregende Leben in den Curorten gewöhnlich schlimmer, durch die heissen Bäder meistens excitirter, sie lassen sich nicht mehr durch den Badearzt dirigiren, sie fangen allerlei Thorheiten an und müssen schliesslich entweder vom Badearzte zurückgeschickt oder von den Angehörigen zurückgeholt werden. Ich habe manchen derartigen Kranken gesehen, dessen Psychose durch solche Badecuren bedeutend verschlimmert und schliesslich in einen unheilbaren Zustand versetzt worden war. Diese Kranken befinden sich bei leichteren Graden der Verstimmung am Wohlsten in s. g. „Nervenheil-Anstalten" und bei höheren Graden der psychischen Störung am Besten in „Heil-Anstalten für Gemüthskranke," wo die für sie nöthige Ruhe herrscht und wo sie unter Leitung des sachverständigen Psychiaters die zweckmässigste Cur gebrauchen können.

Im Einzelnen habe ich aber noch folgende Gründe gegen solche Behandlung luëtischer Psychosen in gewöhnlichen Cur- und Badeorten.

Man hat in letzter Zeit besonders die *Schwefelbäder* in den Vordergrund gestellt bei der Behandlung der Luës. Wer sich über die Wirksamkeit der Schwefelbäder orientiren will, der studire den vortrefflichen Aufsatz von Dr. Ziemssen (Dr. Börners deutsche med. Wochenschrift 1876 Nr. 43.), der gestützt auf eine langjährige Beobachtung der Schwefelbäder in ihrer Anwendung auf Luëtische seine Erfahrungen ganz rückhaltlos ausspricht.

Wir ersehen aus dieser Darstellung, dass die Schwefelwässer sowohl innerlich als äusserlich angewendet, gar keinen Einfluss auf die Luës ausüben und dass der ganze Nutzen, der mit diesen Badecuren erzielt wird, einzig und allein durch die Schmiercur hervorgebracht wird, die man in den Schwefelbädern in energischer Weise applicirt. Wozu schickt man also Kranke in die Schwefelbäder, wenn diese keine specifische Wirkung auf die luëtische Erkrankung ausüben und wenn der ganze Nutzen durch die Application des unguentum hydrargyri cinereum geschafft wird, das man doch in jedem beliebigen Orte haben kann, wo oder in dessen Nähe sich eine Apotheke befindet. Verfasser sagt ganz offen, dass er von einer specifischen Heilwirkung der Schwefelquellen sich absolut nicht hat überzeugen können. Es ist ihm vielmehr allmählich zur unzweifelhaften Gewissheit geworden, dass die Wirkung nicht in dem Schwefelgehalte, sondern in der angewendeten Schmiercur zu suchen ist. Es ist unmöglich, die Symptome der constitutionellen Syphilis allein durch Schwefelbäder zu heben. Einzelne Fälle von s. g. Naturheilung werden selbstverständlich überall beobachtet — erfolgt diese aber nicht, so gibt es in allen Schwefelbädern nur ein Mittel, welches dieselbe zu bekämpfen im Stande ist, das *Hydrargyrum.*

„Ich habe mich nicht überzeugen können, dass eine wochenlange oder monatelange Anwendung der Inunctionscur bei gleichzeitigem Gebrauche einer Schwefeltherme anders wirke als an einem andern Orte, falls nur die äusseren Verhältnisse des Patienten d. h. Aufenthalt im Freien, kräftige Nahrung, forcirte Reinlichkeit Hand in Hand gingen mit einer sorgsamen Leitung der Cur und einer chirurgisch richtigen localen Behandlung der betreffenden Symptome." —

Bei den *Jodquellen* kann man allerdings nicht von Wirkungslosigkeit des innerlich und äusserlich angewendeten Mineralwassers und von Ersatz durch ein anderes kräftiges aber gar nicht dem Curorte eigenthümliches Heilmittel reden, aber jedenfalls ist die Wirkung des Mineralwassers viel schwächer und langsamer hervortretend als die aus der Apotheke bezogene Jodkaliumlösung, die man in jeder beliebiger Stärke anwenden kann. Es ist aber hier wieder ein anderer Umstand nachtheilig wirkend. Die Fülle von Kranken die an Ausschlag leiden, mag er syphilitischer oder scrofuloser Natur sein, wirkt unangenehm auf den Kranken und um so mehr, wenn er selbst die Natur seines Leidens nicht verrathen möchte. Die an luëtischer Psychose leidenden Kranken sind oft am Meisten besorgt man könnte ihnen etwas von ihrem Leiden ansehen, wesshalb sie ungern an einem Orte die Cur gebrauchen, wo man jeden Curgast in Verdacht hat, dass er an Luës leide.

Für die Behandlung luëtischer Psychosen in den Anstalten reicht es vollständig aus, selbst bei Anwendung der Schmiercur, einfache Warmwasserbäder anzuwenden, die allenfalls um noch eine kräftigere Hautreinigung hervorzubringen, einen Zusatz von Seife er-halten können, um die von dem unguentum cinereum herrührenden und der Haut mitunter fest anklebenden Fetttheile zu entfernen.

Auf diese Weise wird die Haut so geschmeidig, dass sie besonders bei jedesmaliger Wiederholung des Bades vor der Einreibung, das unguentum cinereum begierig aufsaugt, wodurch die Wirkung der Cur sehr befördert und beschleunigt wird.

---

4. Die verschiedene Combination dieser Mittel.

Es ist sehr schwierig für alle Fälle von luëtischen Psychosen eine allgemein gültige Curvorschrift zu geben, da so vielerlei kleine Abweichungen im Verlaufe vorkommen, dass die Cur dadurch einer wesentlichen Modification unterworfen werden muss. — Ich habe im Laufe der Jahre eine gewisse Regel in die Methode der Behandlung zu bringen gesucht, die so ziemlich auf alle Fälle Anwendung finden könnte, doch bleibt es nicht aus, dass zuweilen Symptome hervortreten, welche Abänderungen der Therapie nöthig machen. In der Hauptsache gelten hier folgende Grundsätze in der Therapie der luëtischen Psychosen.

Wenn der Kranke das Jodkalium ohne allzugrosse Opposition einnimmt und wenn er dasselbe unter Anwendung der obigen nöthigen Cautelen verträgt, so beginne ich jedenfalls mit diesem Mittel die Cur und steigere dasselbe in der oben angedeuteten Weise allmählich.

Sind diese Vorbedingungen aber nicht vorhanden oder wird mit dem Jodkalium selbst in sehr hohen Dosen Nichts erreicht, so gehe ich zum Quecksilber über. Wenn der Kranke folgsam ist, sich gegen die Anwendung des Mittels nicht opponirt und die nöthige Reinlichkeit des Mundes etc. beobachtet, so ziehe ich es vor eine der am kräftigsten wirkenden Methoden zur Anwendung zu bringen: das sind jedenfalls die *innerliche Anwendung des Sublimat* oder die *Application des unguentum cinereum auf die Haut* (Schmiercur). In dem betreffenden Capitel habe ich ausführliches sowohl über die *innerliche Sublimateur* gesagt, als auch über die Methode der *Schmiercur*. Vor allen Dingen ist es bei der letzteren nöthig die Haut durch Bäder reinlich und für die Aufsaugung geschmeidig zu erhalten. Das Nähere siehe oben unter 2. C., wo das ganze Verfahren ausführlich dargelegt ist.

Wenn es den Kranken nicht gestattet ist, das Quecksilber in einer dieser beiden Methoden dem Körper einzuverleiben, wenn man die Opposition nicht in gelinder Weise beseitigen kann, so greife ich zur Pravazschen Spritze und injicire das Quecksilber unter die Haut. Entweder nehme ich die gewöhnliche Levin'sche Lösung und zwar diejenige, wo in 30 Spritzen voll Wasser ein Gran Sublimat aufgelöst und spritze 3 Spritzen voll jede zu $\frac{1}{30}$ Gran an 3 verschiedene Körperstellen ein. Es ist diese Art der Incorporirung allerdings etwas umständlicher und zeitraubender, als die Injection in einer Spritze, aber sie hat auch das Angenehme, dass nach der Injection gar keine nachtheilige Erscheinungen hervortreten.

Ist der Kranke zu empfindlich oder zu unruhig, um die drei Spritzen voll Sublimatlösung hintereinander an drei verschiedenen

Körperstellen zu injiciren, so nehme ich den *Pepton-Sublimat* nach der Methode des Professors Bamberger bereitet. Er ist jedenfalls von den *Quecksilber-Präparaten*, die zur subcutanen Injection angewendet worden sind, das wirksamste. Wenn man die Lösung klar zu erhalten versteht und in dunklen Gläsern aufbewahrt, so sind auch die Folgeerscheinungen nach der Operation die am wenigsten unangenehmen, wenn sie auch nicht in allen Fällen sich ganz fern halten lassen. Der Schmerz und die Geschwulst sind aber bei den meisten Kranken ganz unbedeutend und werden dieselben ziemlich leicht ertragen. — Die Abscessbildung, die bei der Calomelinjection so oft vorkommt, muss man bei psychisch Gestörten so viel als möglich zu vermeiden suchen, weil sie die Kranken mit allerlei Misstrauen gegen den Arzt erfüllen und deshalb die Opposition gegen die Injection noch bedeutend steigern.

Die subcutane Injection des Sublimats setze ich gewöhnlich nur so lange fort, bis sich der Kranke beruhigt hat und bis es möglich wird zu einer anderen kräftigeren Quecksilbercur überzugehen. —

Wenn der Erfolg der Quecksilbercuren nicht rasch und kräftig genug ist, so verbinde ich noch mit der Schmiercur — oder mit der subcutanen Injection die innerliche Darreichung des Jodkalium. Es ist mir in vielen Fällen, wo ein gewisser Stillstand in der Besserung eingetreten war, durch diese Combination möglich geworden, einen rascheren Fortschritt zu erreichen. In anderen Fällen, wo die psychische Aufregung oder der Grössenwahn zu bedeutend ist, wo man also annehmen darf, dass entzündliche Meningealprocesse vorliegen, — verbinde ich mit der innerlichen *Anwendung des Jodkalium* auch mit der *Darreichung des Quecksilbers* in irgend einer Form eine kräftige Ableitung in der Nähe des Gehirns.

Es wird entweder ein Setaceum ad nucham applicirt und mit Reizsalbe in kräftiger Eiterung erhalten, oder es wird auf den

Scheitel das Unguentum tartari stibiati eingerieben und nach Ab-
stossung der Haut das Geschwür mit Reizsalbe offen gehalten. So
lange die durch den luëtischen Process bedingten Veränderungen des
Gehirns noch nicht zu tief entwickelt sind und so lange der Blödsinn noch nicht zu sehr fortgeschritten ist, kann auch meist
auf Erfolg gerechnet werden. Es sind desshalb die Fälle des II.
Stadiums, wo das Gehirn selbst noch weniger leidet, wo die
knöcherne und besonders die häutige Umhüllung des Gehirns am
Meisten afficirt ist, wo Grössenwahn, Krämpfe aller Art und auch
selbst durch Exsudate bedingte Lähmungen einzelner Nervengebiete
hervortreten, für diese Behandlung am Meisten geeignet.

Sum Schlusse dieses Capitels, halte ich es noch für eine besondere Pflicht, die Herren Collegen zu einer recht consequenten
Durchführung der Cur bei derartigen Kranken zu ermuntern. In
der Praxis kommt es gar zu gewöhnlich vor, dass bei einigen Hinder-
nissen oder bei etwas langsamen Fortschritten in der Besserung, der
behandelnde Arzt den Muth verliert, die Krankheit für unheilbar erklärt und gedeckt durch diese Erklärung mit der Weiterbehandlung
aufhört. Man soll einen derartigen Kranken nie aufgeben, so
lange man nicht alle Methoden und Mittel gründlich erschöpft und
alle verschiedenen Modificationen der Cur durchgemacht hat.